川野泰周——著　陳筱茜——譯

減少一半剛剛好

禪僧醫師的心靈留白練習，用「適度」讓生活變得更有餘裕

半分、減らす。

「1/2の心がけ」で、人生はもっと良くなる

高寶書版集團

不論是物品、食物、消費、資訊、工作，
試著讓它們比現在少「一半」。
保持二分之一的心態。
如此一來，你的人生將會開始散發驚人的光彩。
為了能擁有更精簡、更充實的生活，
我要提出「簡單的生活技巧」。

序　章　保持二分之一的心態

「減少一半」有什麼好處？ 010
用「適度」讓人生變得更美好 018
更加「正念」的生活方式 025
練習1　用「呼吸冥想」平靜心靈 033

第1章　將「東西」減少一半

買買買…… 038
整齊乾淨的房間有什麼好處？ 043
整理，從這裡開始 052
我想對斷捨離熱潮說幾句話 059
掌握正確的「停止時間」 066
「丟棄」之前，先「分類」 073

CONTENTS

我的「書籍整理法」 078
祕訣就是「不假思索直接整理」 085
將「平常的行李」減少一半 091
整理浴室 097

第2章 將「飲食」減少一半

為什麼「總是不小心吃太多」？ 106
首先要將精神集中在「前三口」 118
用餐前念誦《食存五觀》 124
停止「再喝一杯」 131
你是不是買太多食材了？ 139
早餐要「好好地」吃 147
要小心「過度節食」 154

提高對於「食物耗損」的認知 160
練習2　透過「飲食冥想」輕鬆節食 165

第3章　將「消費」減少一半

要正視這種「浪費」 170
抑制「衝動購物的慾望」 178
喜歡的東西，用久一點 184
不是「丟掉」，而是「放手」 189
「不用做的事情」日記法 194

第4章　將「資訊」減少一半

將使用智慧型手機的時間減半 204
不要讓自己「腦過勞」 214

CONTENTS

數位產品要能「無腦地」使用 220
利用工作的空檔時間稍作冥想 226
將社群網站「減少一半」 230
練習3 用「感恩冥想」平靜心靈 237

第5章 將「工作」減少一半

將工作減半，生產力就會上升 242
為什麼工作老是做不完？ 246
善於拒絕，善於接受 252
將多工處理單一化 257
不論什麼工作都「樂在其中」 263
確實地為工作畫下句點 269
後記 273

序章

保持二分之一的心態

「減少一半」有什麼好處？

其中二個好處

這本書想要將「減少一半」作為關鍵字，藉由減少多餘、過量的東西，以禪僧和精神科醫師的角度提出，如何擁有乾淨俐落、簡單而色彩豐富的生活方式。

這麼做有兩個主要的好處：

①因為是個淺顯易懂的標準

②因為能與行為改變結合

例如，「過度使用智慧型手機」是一個日趨嚴重的問題。許多專家指出，過度使用智慧型手機會對身心造成顯著的負面影響。既然知道這是造成許多不適的原因，有自覺的人就應該要重新面對這個問題。

然而，即使想著要「減少使用智慧型手機的時間」，但如果沒有任何指標和特別具體的想法。你可能會對到底要減少到什麼程度而感到迷惘。

即便如此，「完全不使用智慧型手機」也是很不切實際的。因為智慧型手機儼然已經成為我們生活中基礎設施的一部分了。

那麼，雖然也可以用百分之二十、百分之三十、百分之七十、百分之八十，像這樣精確的數字來決定，但我想應該很多人都無法在日常生活中持續維持這樣的意識吧。

最後或許會在「百分之三十的話大概是這個程度吧，還是，要不就大概百分之二十好了……」之間猶豫，最終覺得麻煩而導致前功盡棄也說不定。

那麼，我們就大概把它設定為「一半」吧。

本書是以此為主題而寫的。如果大約一半的話，將會是很容易了解的基準吧。如果平時使用四個小時的智慧型手機，就減半成二個小時。使用三個小時的話，就減半成一個半小時……。

不僅僅是智慧型手機。

不論是物品、食物、工作，想要將什麼「斷捨離」的時候，都可以試著以「減半」為目標。

當然，不用很嚴格地以「二分之一」為基準也沒關係。以「大概一半」為基準，我建議大家可以以「大概就到這個程度吧」的想法來實行這件事。

現代人就是過度努力了

「要減少一半這麼多，對我來說有點困難啊！」

「有必要減少這麼多嗎？」

感覺可能會有這樣的意見出現呢。
的確，這或許是個困難的目標。
但是，只要下定決心去保有這樣的意識，就能達到真正地行為改變。
如果抱持著「試著稍微減少一點吧」、「試著比昨天再少一點好了」這樣的想法，很難去改變自己長年以來養成的習慣。
現代人不論是在工作、飲食、購物，都有「過度努力」的傾向。
因為現在「過度努力」已經成為習慣，有相當多的人面臨著各式各樣的問題。

- 因為勞動過度，把身體搞壞了、變得不快樂了。
- 社群成癮，內心失去平衡，迷失了自己。
- 不自覺地暴飲暴食，增加罹患慢性病的風險。
- 捨不得丟東西，堆積成山，造成生活環境的紊亂。
- 買了許多不需要的東西，反而造成浪費。

我抱著自律的心態寫下這篇文章，提醒自己也必須要注意，但大家試著回頭審視一下自己平常的行為，是不是也多少說中了幾點呢？

試著將「這裡」減少一半吧

只要試著「減少一半」，日常行為就會產生巨大的變化。

例如，剛剛舉例的智慧型手機使用過度問題。

如果只是「試著稍微減掉一些、多注意一點吧」這樣的程度，或許剛開始會順利地進行，但可能不久後就會恢復原樣了吧。智慧型手機就是如此便利又擁有多種功能，所以才容易上癮。

所以，將這件事「減少一半」吧。

只要試著減少一半，像「試著稍微減少一些、多注意一點吧」這樣的想法也會大幅改變。為自己帶來了改變生活習慣的決心。

「不要在上下班通勤途中使用智慧型手機。」
「回家後，將智慧型手機設定為晚上九點後關閉螢幕顯示。」
「不要將智慧型手機帶進臥室。」
「關掉所有通知功能。」

為了要讓現有的生活產生決定性地變化，就必須要有某些規則或手段，才能帶來行為上的改變。

因為這些行為會減少到之前的一半，剛開始或許多少都會有些壓力或痛苦。這時候還是必須要有一點耐心和毅力。

但是，我們人類的大腦中有個叫做「馴化」的功能，在不斷努力之下，我們的大腦和內心一定也會慢慢地習慣。

更何況，將使用智慧型手機的時間省下來，不但可以用來細細品味一本書、泡個澡、和家人聚在一起談天說笑，還可以用來審視自己，當這樣的時間增加時，我們也會覺得開心。

如果不小心吃太多的話

再來，對於不小心吃太多的人來說，可以這麼做：

「如果平常吃二碗飯，那就減少到一碗飯的量。」

「如果平常吃二百公克的肉，那就減少到一百公克的量。」

「如果每天晚餐後都一定要吃甜點，那就減少到二天吃一次。」

像這樣，試著保持二分之一的心態。

如此一來，不僅可以避免暴飲暴食，而且這個方法最大的好處就是，**所謂的「一半」，雖然是一個大約的值，但因為在心理上有了一個清晰的目標，所以可以明確地付諸行動。**

比起很麻煩地去精算那些卡路里要來的輕鬆好幾倍，而且能更有效地減肥和打造一個健康的身體。

不僅僅是身體變輕、變得健康了，而且還可以減少不必要的支出，所以是個能減輕家庭開支負擔的健康法。

因為自己多放一些心思在上面，從而產生了「不但是在做對身體好的事情，也讓荷包寬裕了不少」的意識，從而對自己有了肯定感。心情也就變得更積極、開朗了。

你覺得如何呢？

正因為我們身處於「過於努力」的時代，為何不痛下決心，利用「減少一半」、「保持二分之一的心態」這樣的想法，讓人生變得更加舒適寫意、多姿多采呢？

用「適度」讓人生變得更美好

為每天的行動確實地畫下「標點符號」

本書的原文書名是《半分、減らす。》。

這裡面各有一個句號和逗號，對吧？其實這是故意加進去的。

這裡所要傳遞的訊息是：即使在忙碌的日常生活中，我們偶爾也要稍微停下來，讓心靈休息一下。就讓我們試著停下腳步吧。

為什麼呢？

這是因為，當我們埋首於工作中的時候、當我們因為飢餓而狼吞虎嚥的

時候、當我們不斷地從智慧型手機上接收資訊的時候、當我們衝動購物的時候……都會變得「過度努力」。

為了避免這種狀況發生，就必須要將「減少一半」和「保持二分之一的心態」，當成「畫下標點符號」的方法。

關於「畫下標點符號的重要性」這件事，是我從一位臨濟宗的大前輩細川晉輔大師那裡聽來的，他在京都的妙心寺潛心修行多年，目前則在東京都內一家叫龍雲寺的寺廟擔任住持。

這是一個非常棒的表達方式，所以我也經常引用。我覺得細川先生所說的「坐禪是心靈的標點符號」，在我們的日常生活，乃至一舉一動中都能發揮作用。

接著，**透過停止「不知不覺地就過度努力的行為」、「將適度的想法和行為融入身心，我們就能守護自己的健康，同時獲得更充實而豐富的人生」。**

這就是本書想要達到的目標。

秉持著「中道精神」

現在，我想向大家介紹一下**「中道精神」**。

佛教中有所謂的「中道精神」。它是指任何事情都不過於極端、偏頗，取一種不偏於任何一方的中正之道。

這看起來似乎很簡單，但卻出乎意料地難。

這是因為，我們總是會不自覺地就「過度努力」了。**不論是誰，應該都曾經在工作、用餐、購物、遊戲……的時候，有一不小心就過度努力了的情況發生吧。**

或許人類生來就有強烈的成就慾望，是種過度努力型的生物吧，所以日常生活中也就理所當然地很難做到「適度」了。

別看我說得如此冠冕堂皇，其實我也因為無法做到而在反覆地反省。

我們禪僧每天都在努力地掌握和實踐這種「中道精神」。當我在道場待了幾年之後，覺得自己心中也稍微有了些這樣的精神。

然而，我現在身為住持，同時也恢復了精神科看診的業務，重新回到忙碌的現代生活後，我遺憾地發現，要時常秉持中道是一件十分困難的事情。

但正因為如此，「持續」才顯得格外重要。

這本書是關於如何以「中道精神」過幸福的生活，也是我反思自己不斷摸索的日子和學習的過程後，想要與大家分享這一路走來的發現而寫的。

那麼，為何佛教和禪宗世界會如此崇尚「中道精神」呢？

這是因為，我們認為摒棄二元論的思維非常重要。

例如，如果有黑色和白色之分的話，我們就會理所當然地認為兩者都有。如果是這樣，那麼讓我們試著兼顧黑白，找出最佳途徑。

本書的主題**「減少一半」，正是為了讓我們能在實際生活中體現這種「中**

道精神」所提出的建議。

意識到「適度為佳」的人

我們再繼續聊一些佛教的話題吧。

之所以這麼說，是因為**釋迦摩尼佛開悟的原委，正是放下過度偏頗的思想和行為。**

生於王室的釋迦摩尼佛，和我們一樣都是人。他透過煩惱、痛苦，來直面自己的心靈。他苦惱著「要如何才能擺脫生老病死的苦難呢？」、「要如何戰勝內心的迷惘，獲得救贖呢？」於是他透過「苦行」來尋求答案。

自此，長達六年的時間，釋迦摩尼佛都致力於各式各樣的苦行。

在長滿荊棘的草地上打滾、每天只喝一杯水就在烈日下單腳站好幾個小時，或者只吃樹木的果實。

可以說那已經是十分慘烈的修行了。但是無論他如何傷害自己的身體，始終都沒有獲得救贖。

換句話說，佛教始於「經過六年的苦行，才意識到苦行並非離苦得樂之道」。

於是，釋迦摩尼佛捨棄了苦行，到河邊沐浴，並喝了村女蘇嘉塔（Sujata）所供養的乳糜，恢復了體力。然後坐在一棵菩提樹下，進入冥想狀態。七天之後，釋迦摩尼佛參透人生——悟道成佛。

我想，這時候的釋迦摩尼佛已經將自己的態度轉換為「珍惜自己，擁有對自己溫柔的心」了吧。

而且，所謂的修行並不是一味地嚴厲就好。當然也不是說懶散地生活是好的。

一半嚴厲、一半溫柔，也就是說，意識到了**「適度為佳」**。

這就是所謂的「中道精神」。

更少，但更充實的生活

重視中道精神、凡事保持適量的心態——磨練這樣的「心靈」。

這一點對於實踐本書中所建議的「減少一半」、「保持二分之一的心態」來說非常重要。

所謂的「心靈」指的是「靈性」，用更簡單的話來說就是「心」。

換句話說，如果只是把「形體」減半，沒有去磨練「心」，即使一開始看起來很順利，但也只是變成了「忍耐」的狀態。你只是一味地在勉強自己，讓自己處於一個高壓的狀態，所以總有一天一定會「反彈」。

相反地，我們應該要追求的是**更少，但是更充實、更正念的生活方式。**

而其中的關鍵就是「中道精神」。

更加「正念」的生活方式

現在，一切都新增得太多了

「正念」目前正引起世界各地的重視，所謂的正念，說白了，就是**一種源自禪宗和佛陀教義，調節心靈的方法**。

利用各種各樣的冥想法，將意識放在「現在」、「這裡」，提高身心的充實度和健康度。

現代人有太多不得不做的事情。

工作、家務、育兒、看護，甚至是社區活動，眼前不得不做的事情總是堆積如山，總之每天都忙得不可開交。

還有人指出，尤其是我居住的日本，許多人都非常地忙碌。

如此一來，生活被許多雜事佔滿，使得心靈完全沒有時間休息。

此外，由於網路和智慧型手機的迅速發展和普及，導致全球流通的資訊量呈現爆炸性成長。因此，人們的大腦和心靈被這些亂七八糟的資訊干擾而疲憊不堪。

相同的現象也在物質方面發生。我們日常使用的工具和每天攝取的食物，種類也都在不斷地增加。

人際關係也是如此。

因為社群的迅速發展，使我們能夠和成千上萬的人互動，但這同時也意味著，我們必須花費相當多的時間和精力去和許多人互動。

就像這樣，現在一切都增加得太多太快，導致我們的身心都叫苦連天。而且這種情況，與抑鬱、不安、失眠、原因不明的身體不適等身心問題的人數急劇增加也不無關係。

我切身感受到，只靠藥物並不能從根本解決現代人心理健康惡化的問題。當然，對於某些病症，藥物治療提供了非常大的幫助，這點無庸置疑。然而，僅靠藥物治療，無法完全解決現代人特有的身心疲勞和不適。

為了要改善目前的狀況，就需要「減少那些已經增加到足以填滿你內心的東西」。

實現這個目標的其中一個方法就是「正念」。

這就是「正念」的由來

在醫學領域，最早留意坐禪的是美國麻薩諸塞大學（University of

Massachusetts）醫學院的喬・卡巴金（Jon Kabat-Zinn）博士，那是一九七〇年代的事。

博士從年輕的時候開始師從禪僧，從學習和練習坐禪的經驗中，他想到了「坐禪可能對治療疼痛有效」。

他開始試著使用冥想來緩解內科的慢性疼痛、腰痛、風濕和原因不明的疼痛。

在那之後，博士作為一名精神醫學方面的專家，也試著將其用於治療憂鬱症和焦慮症等，發現它在改善症狀和防止復發方面效果顯著。

如今，世界各地的許多研究人員和治療師都意識到正念的效用，且其應用範圍正在不斷地擴大。

除了用於各種精神疾病和生活煩惱的心理治療和精神治療外，它還被用於改善血糖值、治療肥胖、慢性疲勞和高血壓。

我想，他發展正念的原因，可能是因為有越來越多的患者，開始抱怨以前從未存在過也無法解釋的疼痛。

這種止痛劑也無法消除的疼痛，引起了人們開始重視相應的治療問題。我認為這就是為什麼禪宗的冥想效果，能夠引起人們對「嘗試接近心靈」這個想法的關心。

順帶一提，喬．卡巴金博士對正念的定義是**「專注當下的體驗，放棄評價和價值判斷，單純地觀察」**。

當然，冥想時把注意力放在呼吸上也是如此，不僅僅是坐著冥想，而是專注於眼前的這件事，這就是正念冥想。

「逆向進口」到日本的心靈調節法

那麼，應用於醫學領域的正念，如何滲透到以商務人士為首的普通人生活中呢？

契機是世界頂級的網路企業Google，採用正念作為培養員工技能和對抗壓力的一種方式。

網際網路是一個蓬勃發展的產業，但員工可能因需要長時間在螢幕前工作而身心俱疲，據說憂鬱症的發病率是普通公司員工的二到三倍。

而且有報導稱，抗憂鬱藥物對因工作疲勞而引起的憂鬱症無效。在這樣的情況下，**要處理大量的資訊，就必須要有心靈上的餘裕**。只有提高創造力並產生有趣的智慧和想法時，電腦技術才會有所發展。

這就是我將目光轉向正念的原因。

從那時起，各種網路企業，甚至其他大企業也相繼地引進正念作為員工教育訓練的一環，近年來，日本國內的公司也開始引進。

結果，很多公司員工健康狀況有所改善，許多報告指出，因為身體不適到公司內部醫務室就醫的人變少了，因為心理問題到醫院精神科和身心科就醫的人數也減少了。

也就是說，正念已經傳播並滲透到整個企業界，而 Google 等眾多網路企業所在的矽谷就是它的「發源地」。也可以說，再過不久應該就會「逆向進口」回日本了吧。

自古以來，在禪宗精神本應根深蒂固的日本，之所以遲遲沒有導入正念，或許是受到一九九〇年代奧姆真理教事件的影響，對於宗教和冥想有很強烈的抵觸感吧。

然而現在，日本的商界也有很多企業已經導入正念。

在 COVID-19 疫情發生之前，我也曾在大型企業總部內的大禮堂，對將近一千名員工進行冥想指導。

我認為對於商務人士來說，正念現在已經成為一種身心健康不可或缺的「類營養補充品」了。

當然，不僅僅是商務人士，正念對家庭主婦、退休人士、學生，也都非常有效。

因此，**本書中將以練習專欄，為大家介紹幾種減輕壓力、平靜心靈的正念冥想法，歡迎大家試試看。**

本書提出的「減少一半」、「保持二分之一的心態」，可以減少人生中多餘和過剩的事情，為實踐更舒適、更豐富的生活方式提供有力的幫助。

練習1 用「呼吸冥想」平靜心靈

「呼吸冥想」可以說是冥想的基礎。雖然做法很簡單，但如果你把它變成每天的習慣，就能逐漸養成沉著穩定而平靜協調的心靈。

淺坐在椅子上，或盤腿坐在地板上，放鬆，背部挺直。雙手放在膝蓋上，掌心朝上，或是輕輕地交叉雙手。眼睛輕輕地閉上或「半瞇著眼」，看向幾公尺外地板上的一點。

首先，深呼吸二、三次。在做這個動作時，最好能有意識地想著「讓心靈重置吧」。基本的呼吸方式是用鼻子吸氣，用鼻子呼氣，但如果鼻子塞住了，用嘴巴呼吸更順暢的話，那用嘴巴呼吸也沒關係。

接著，讓呼吸自然流動，將注意力放在進出鼻子的空氣流動，就像是「現在空氣進來了啊、現在空氣出去了啊」，或將意識放在空氣進出時身體的膨脹和收縮。這個過程沒有時間限制。一分鐘也好、五分鐘也好，請根據自己當下的身體狀況決定。

我們常常聽到「請用腹式呼吸」，但呼吸冥想並沒有拘泥於此。因為如果刻意讓腹部用力，而無法維持自然呼吸狀態的話，就沒有意義了。呼吸的基本原則是**不要刻意地進行**。不用擔心，當你放鬆時，呼吸會自然地從胸部轉向腹部。

意識到自己的呼吸其實很困難。一開始，你可能會懷疑「這樣就好了嗎？」或者產生除了呼吸以外的各種雜念。

但請不要過於責怪自己。因為意識到雜念本身，就是冥想的一個非常重要的部分。相反地，你可以在心裡讚美自己「你觀察力真好啊」，然後想著「好！我們再來一次，回來吧」，將注意力再轉回到呼吸上。

「呼吸冥想」是一種隨時隨地都可以進行的冥想。透過在日常生活中持續練習，即使只是很短的時間，也會逐漸地進入更平靜、更專注的心態。

第1章

將「東西」減少一半

買買買……

首先，我想問大家一個問題

想要在工作上取得成果、獲得更高的職位、賺更多的錢、過奢華的生活、用名牌裝飾自己……。

我想大多數的人在內心深處，都曾有過這樣的願望吧。

如果我開頭就這樣寫的話，可能會有些人覺得「因為你是出家人，所以大概會說一些類似『捨棄慾望』之類的話吧」。

當然，這本書的主題是「減少一半」，所以最好還是減少那些無益的慾望吧。

後面我會講述如何減少這種慾望，但首先，我想問的是：

「在物質上變得富有之後，你的內心會充滿幸福感嗎？你會變得更加充實嗎？」

一般來說，如果滿足了慾望，應該就會感到幸福才是。

然而，事情並不是那麼簡單。事實上，恰好相反，當我們在物質上變得富有的時候，內心往往會變得貧乏。

原因是，為了實現願望，我們往往容易做得「過量」。

這個也要、那個也要，隨著想做的事情越來越多，我們必須做的事情也就越來越多，所以就不得不匆促地思考、不眠不休地行動。

然後身體會感到疲倦，大腦也會疲累。

這種疲勞會從心底奪走我們的從容和餘裕。

這就是所謂的「如果實現了自己的願望並在物質上變得富有，那麼內心就有可能會變得貧乏」。

什麼是「地位性財產」？什麼是「非地位性財產」？

你聽過**「地位性財產」**和**「非地位性財產」**嗎？

幾年前，我從慶應義塾大學研究「幸福學」的前野隆司教授的著作中第一次了解到這個詞。

這是一個非常有趣的概念。

「地位性財產」是指透過和周圍的人比較而得到滿足的財產，例如：收入、財產、社會地位和物質財產。這被認為是即使得到了幸福感也不會持續太久。

另一方面，「非地位性財產」指的是能夠讓人們主動感受到幸福的財產，而不是透過和他人比較而來的。例如：健康、自由、愛情、良好的人際關係和環境，這被認為是可以持續很久的幸福感。

也就是說，**「非地位性財產」才是「幸福的泉源」，可以為我們的人生錦上添花**，前野教授透過各種心理測驗證明了這一點。

也可以說，正因為是用金錢買不到的，所以才能讓心靈感到豐盛。

幸福的「真面目」

關於「地位性財產」和「非地位性財產」，根據二〇〇二年諾貝爾經濟學獎得主，美國行為經濟學家丹尼爾．康納曼（Daniel Kahneman）等人的研究顯示，**「情緒方面的幸福感，在年收入達到七萬五千美元之後，就不再成正比了」**。

年收入七萬五千美元，簡單換算為一美元等於一百日圓，也就是年收入七百五十萬日圓。超過這個水準的經濟財富和物質財富，不一定能帶來幸福。

此外，根據前野教授的研究，在收集了學生、商人等大量數據後發現，總體而言，「非地位性財產越增加，幸福度越高；得到越多地位性財產的人，幸福度越低」。

幸福可以被視為心靈豐富度的指標。

非地位性財產會給心靈帶來滿足感和富足感，而地位性財產則會成為「對財富的執著」，可能會給心靈帶來貧困和匱乏感。

我在文章開頭提出了「在物質上變得富有之後，你的內心會充滿幸福感嗎？你會變得更加充實嗎？」這樣的問題，這些研究人員已經揭曉了答案。

總而言之，**物質上的滿足並不能保證心靈上的滿足**，這個事實是有統計數據，也就是有證據支持的。

希望大家在閱讀本章時，能牢記這一點。

整齊乾淨的房間有什麼好處？

東西不斷增加的三個原因

「堆滿東西的房間」是很常見的。

放置在狹小空間內的家具堵住了通道，走這邊也會撞到東西，走那邊也會撞到東西，根本沒有辦法好好地走路。

或許你的家具已經變成「儲藏室」了，上面是不是常常堆滿了衣服、洗滌物、包包、小孩子的玩具等東西呢？

說不定「沒有東西，乾淨整潔的房間」可能還更稀奇吧。

為什麼東西會增加那麼多呢？

原因很明顯，

・買太多了

・囤太多貨了

・太雜亂了

應該就是這幾個原因的其中一個吧。

關於這個問題，稍後我們將尋找把過剩的部分「減少一半」的解決方案。但首先，讓我們想想，不管是房間還是辦公室，如果身邊到處都是東西的話，對我們來說會有什麼樣的不良影響呢？

「雜亂的房間」會帶來的負面影響

最大的問題是，**如果房間裡到處都是東西，亂七八糟的話，就會耗費掉你大量的「注意力資源」**。

所謂的「注意力資源」，指的是人類一次可以使用的注意力，是一個表示注意力能量總量的詞彙。

就智慧型手機而言，給人的印象就像是一天內可以使用的行動數據用量。有時也稱為「警告用量」，這個名字大家可能比較容易理解。

例如，如果要長時間觀看數據用量很大的影片內容，馬上就會受到網速限制而被降速。不僅如此，其他內容原本可以使用的數據用量也會耗盡。

相同地，**人類一次可以使用的注意力也是有限的**。

所以當一個房間裡有很多東西的時候，即使你沒有意識到，注意力也會在不知不覺之間逐漸被那些東西吸引。

結果，即使你想專注在眼前的事情上，你的注意力也會變得分散，大腦的資訊處理速度減慢，導致你無法確保有足夠的精力專注於最重要的工作。

提高專注力最重要的一點

有這樣的一個心理實驗。

任務是簡單的減法。首先，讓大家按照自己的節奏持續地用減法計算，「從一百減掉七，然後從這個答案減掉七，然後再從這個答案減掉七……。」與此同時，播放鈴蟲（日本鐘蟋）的聲音，並指示大家「請在播放此聲音的時候繼續計算」。

我自己也曾經試過，計算「一百減七等於九十三，九十三減七等於八十六，八十六減七等於七十九……」，大概到了第三次，就已經無法集中注意力，因為注意力資源都被鈴蟲的聲音給消耗掉了。

而且，我並沒有將注意力集中在鈴蟲的聲音上。光聽聲音，並不會在腦中浮現鈴蟲摩擦翅膀的畫面，或是秋天花草繽紛的景色。

然而，如果停止計算，將注意力完全集中在鈴蟲的聲音時，有鈴蟲的風景、其他昆蟲的聲音、童謠〈蟲鳴〉的旋律、童年的回憶等等，各式各樣的畫面浮現在我的腦海裡，內心湧現平靜和溫暖的情緒。

從這個實驗中我們可以知道，計算、聆聽鈴蟲的聲音，和伴隨聲音浮現在腦海中的畫面，要將注意力資源平均分配在這三個任務上並不容易。鈴蟲的聲音會干擾計算，而計算會干擾從鈴蟲聲音所想像出的畫面。

這是一個聽覺實驗，但對於「視覺」也是如此，映入眼簾的東西越多，就會分散掉越多的注意力資源。

換句話說，**想要將注意力集中在眼前的工作或任務，就盡量減少身邊堆積如山的東西，這可能會很有幫助。**

那麼你自己的桌面又如何呢？

它是否雜亂無章，堆滿了文件和文具等呢？

這意味著，它們可能會分散你的注意力。

我們可以從禪寺的「伽藍堂」中學到什麼

雖然說要「減少」，但並不代表什麼都沒有的狀態比較好。

在禪修道場裡，有一個禪堂，是苦行僧們聚集在一起坐禪修行、生活的地方。

這些原本用於修行的建築，在佛教發源地印度被稱為「saṃghārāma」。在佛教經由中國傳到日本的過程中，被翻譯為中文「僧伽藍」，簡稱「伽藍」或「伽藍堂」。

現在，在日本只要提到「伽藍堂」這個字，大家都知道是指空無一物或是空無一人的地方，因為就如同它日文字面上的意思「空蕩蕩」[1]。實際上，這個詞源自於佛教和禪宗。

1 「伽藍堂」的日文原文為「がらんどう（garando）」，其中「がらん（garan）」字面上與空蕩蕩的「ガラン（garan）」相同，所以「伽藍堂」現今被引申為空無一物或是空無一人的地方。

拋開這個不談，他們為什麼不把東西放在伽藍堂呢？

這是因為你的注意力會集中在眼前的事物上，以致於無法專心進行坐禪修行。它會變成修行的障礙。

然而，無論它多麼空曠，它都不是真正空曠、無機的空間。裡面一定會有坐禪用的榻榻米，還有拉門、防雨窗、橫樑和一種禪寺特有造型的火燈窗[2]等各種設施。

我修行的鎌倉大本山建長寺的禪堂，在中間供奉了一尊文殊菩薩。那裡掛著一塊叫作佛帳的精美手折金錦布，即使是空曠的空間裡，也處處充滿形式之美。

在某種程度上，當我們擁有事物時，就可以感受到自己與事物之間的關

---

2 火燈窗的輪廓模仿火焰形狀，是裝飾性強烈的窗形，也稱為花頭窗。源自印度，經中國傳至日本，原用於寺院建築，後來於宅邸、城郭建築亦廣泛運用。以上說明參考tsunagu Japan的「日本和風建築字典」。https://www.tsunagujapan.com/zh-hant/japanese-architecture-1/

聯性。

因為那裡有榻榻米，所以可以舒適地專心坐禪。

也因為那裡有文殊菩薩坐鎮，所以一整天都可以重整心情努力修行。

像這樣，我們透過與人和事物的關係來維持生命的觀念，在佛教中被稱為「緣起」，自佛陀時代以來一直被視為智慧的泉源。

人、動物、事物，這個世界上的一切都是透過緣分而連結在一起的，正是透過這些緣分，我們才能認識彼此的存在。

從佛教的角度來看，試著減少房間裡堆積如山的東西是有意義的。

當你被太多不重要的事物包圍時，你與每一個重要的事物和人的緣分就會變得淺薄。

對於眼前真正應該面對的事物，如果心不在焉的話，就無法用真正的自己來面對了。

在你的房間裡，是否有堆積如山的東西呢？書籍、雜誌、漫畫、文件、寶特瓶、美術用品、文具、CD、DVD、衣服、毛巾……。**從現在開始，要不要試著先把這些東西的數量減少「一半」呢？**

整理，從這裡開始

首先，從「常常出現在視線中」的東西開始

有很多人說自己不擅長整理。

看著一天比一天凌亂的房間，雖然想著「是時候該收拾一下了」，卻遲遲無法採取行動，就在這樣反反覆覆的過程中，房間已經變成了不知從何下手的狀態……。

我認為遲遲無法採取行動的其中一個原因，就是不知道要採取什麼樣的步驟來清理它。

對於這樣的人，我建議：

減少常常出現在視線中的東西數量

這個方法。

換句話說，試著從減少你看到的資訊量開始。

例如，桌面上。

曾經有一位三十多歲的遊戲創作者，因為精神上的疲勞導致慢性身心問題前來就診，他告訴我，他的辦公桌上總是放著一台桌上型電腦、一台筆記型電腦、一台平板電腦、一部智慧型手機和一部折疊手機。

實在是太多了，以致於當電話或訊息鈴聲響起時，他一時之間不知道聲音是從哪裡發出來的。

我很驚訝地問道：「你把它們放在那裡，是因為工作時都會用到嗎？」

他說：「是的。」

我繼續問道：「但你不會同時看著所有的資訊設備吧？」，因為這在物理上是不可能的。

如果是這樣的話，無論是處理多麼龐大數據的遊戲創作者，似乎也沒有必要常常在辦公桌上放這麼多的資訊設備。但他是這麼說的：

「不知道是不是想要一種只要手邊備齊所有工具的話，就可以馬上應對各種狀況的感覺。如果沒有把所有的東西都放在桌子上，保持一種隨時都可以使用的狀態，就會覺得很不安⋯⋯。」

緩解「數位疲勞」

他說「如果手頭上沒有備齊所有工具的話，就會感到焦慮」，很顯然地，他精神疲勞的原因，正是因為有太多的資訊設備擠進了他的視野。

因此，我建議他把除了最常用的筆記型電腦和桌上型電腦，其他所有東西都放到桌子底下的架子上。

如此一來，即使需要它們，也只要稍微伸出手就能馬上拿出來。總之，**要讓充斥在視野中的東西（資訊設備）暫時減少**。

這麼做的效果非常驚人。不但工作上沒有任何的不便或障礙，疲勞感也大大地減輕了。

出乎意料的是，放在桌子底下的智慧型手機和平板電腦等資訊設備，在工作中幾乎沒有拿出來的必要。對此，連他本人也難掩驚訝。

也就是說，工作中需要處理的緊急事務，幾乎不會透過此類設備來處理。我發現，緊急需求通常是透過桌上型電腦的電子郵件來傳達，而更緊急的情況是透過分機電話或由主管、同事口頭來傳達。

雖然沒有他那麼誇張，但現在辦公桌上放著多種資訊設備的人恐怕也不少吧。為了緩解「數位疲勞」，我建議你先從辦公桌上和其他常常出現在視線中的地方著手，有意識地減少東西數量。

不是根據「類型」，而是根據「大小」和「高度」來整理的方法

為了要減少你看到的資訊量，有一種方法是**重新排列堆放在桌子或架子上的東西，讓它們有相同的「尺寸」和「高度」**。

將東西從最低到最高排列成一條平緩的線，反之亦然。或將較大的東西堆放在底部；將較小的東西堆放在頂部。

換句話說，透過讓事物在外觀上更加整齊，讓視覺上的「干預程度」變小，那麼就有可能可以減少「注意力資源」的消耗。

例如，在整理書籍時，你可能會想：「我應該如何分類和排列它們？我應該按作者來排列它們嗎？我應該按類型來排列它們嗎？」

光是對它們進行分類這件事，就可以將你大腦和內心的精力消耗殆盡。過了一段時間之後，就會開始覺得很麻煩，最後往往會變成「算了，下次再說吧」。

相較之下，**按照「高度」和「大小」來整理的方式，什麼都不想就可以機械式地處理，不但整理順利進行，也不會浪費太多的注意力資源**，所以可以說是一箭雙雕。

桌面上、電視、沙發、床的周圍，盡量讓這些在家裡常常出現在視線中的地方，保持沒有東西的狀態，並根據「高度」和「大小」去整理難以丟棄的東西。

還有另外一個方法也很有效，先暫時將不想看到的東西，集中放在紙箱或其他容器中，然後放到壁櫥或收納架裡。

不擅長整理和收納的人，很快就會厭倦思考「我應該把它們放在哪裡？」和「我應該如何分類箱子？」之類的事情。

而且，我覺得放進壁櫥和衣櫃裡面的東西，之後會需要再拿出來的可能也不多。應該頂多也就「一半」左右吧。

另外那一半，可能是就算不見了你也不會覺得困擾的，也就是丟掉也無所謂的東西。

除非它是一個充滿回憶的重要物品，否則就試著下定決心處理掉它吧。

我想對斷捨離熱潮說幾句話

「丟棄時感受到的快樂」其實很危險

近年來，隨著擁有的東西越來越多、無法整理的人越來越多，「斷捨離」掀起了一股熱潮。

本書也是講述所謂斷捨離技巧的書，雖然看起來可能很矛盾，但我想在此發出警告。

那就是，**斷捨離有做過頭的危險**。

你在買東西的時候，會感到有點興奮。當得到自己想要的東西時，任誰都會感到快樂的。

但是，你知道人在扔掉東西的時候，其實也會感到興奮嗎？

不論是買了一大堆東西，還是丟掉一大堆東西，都同樣地令人興奮。

這必須要稍微注意一下。

但站在崇尚「中道精神」的佛教觀點上，被情緒高張所牽引而做出的行為是會受到譴責的。

會這麼說是因為，人們**憑著一時的情緒高張所做的事，通常都會在事後感到後悔。**

我透過日常的診療也切實感受到了這一點。這是因為許多人最終會反覆「買了東西之後後悔」或是「丟掉之後後悔」。

其中也有人會不斷重複「買了之後後悔，然後賣掉。當賣掉並得到錢的時候，又會感到情緒高漲，然後又買了一些並非真正需要的東西。然後又後悔，再賣掉……」。

近年來，人們開始可以透過各種各樣的線上服務，輕鬆地和其他個體戶買賣東西。這是一項可以珍惜物品並再利用，非常方便、劃時代的服務，但不幸的是，如此便利的系統，卻引發了更多過度消費的連鎖反應，這個現況也是不容忽視的。

「丟棄時感受到的快樂」和「獲得時感受到的快樂」很像

以前在診所裡，有一位患者曾經說過**「我從扔掉東西中感受到的快樂，和我從購買東西中所獲得的快樂非常相似」**，這讓我留下了深刻的印象。

藉著情緒高漲的氣勢，也不考慮一下這東西是不是還需要用到，就扔掉了，之後才感受到：「哦！我不應該扔掉這些東西」的後悔和沮喪。很多人都經歷過這種情緒反覆的起伏。

其中特別要注意的是，那些在時尚感方面自稱為「極簡主義者」的人所帶來的影響。

在「沒有東西是一件很酷的事情」的原則下，有的人大幅地減少自己的東西，有的人甚至就像撢掉衣服上的灰塵和線頭一樣，將人際關係也整理得一乾二淨。

因為把丟棄東西後高漲的情緒感受代入，同樣憑藉著一時的情緒高漲去整理人際關係，所以不知不覺就過頭了。

事實上，這麼做的人並沒有意識到自己的心並沒有跟上。最重要的是，這些人使用極簡主義這個詞，做出了「不與人互動的選擇」。無法全心全意面對他人的背後，是不敢面對自己、承認自己存在的膽怯。

與不斷捨棄東西和人時感受到的快樂相反，孤獨感會變得越來越深，日子變得越來越寂寞。

突然意識到的時候，才發現自己真的是孤身一人了……，近年來因為這種困擾來就診的人數明顯地增加了。

養成對自己說「等一下」的習慣

我們的內心就像翹翹板一樣，總是在心情好和不好的狀態之間起伏不定。

在精神醫學上，這些狀態被稱為狂躁狀態和抑鬱狀態，但即使不到需要治療的程度，每個人的生活都會經歷一些輕微的情緒高漲和多愁善感的情緒波動。如果我們能夠一輩子都情緒高漲、充滿幸福感，那該有多好，但人類的思想和大腦系統卻並非如此。

在歷經極大的興奮之後，一定也會有感到精疲力盡、沒有幹勁的時候。那就是自然的心理平衡。

倒不如說，正因為沒有幹勁，我們的身心才能夠獲得休息。

然而，**任憑情緒高漲而買東西或扔東西，從某種意義上來說，是採取一種「無法回頭」的行動，其實是很危險的。**

其中也不乏有一些擔心朋友的諮詢者提出這樣的問題：

我有一個不是很熟的朋友，他最近開始自稱為極簡主義者，並在社群網站上傳他的情況來吸引周遭的人，他建議我也應該嘗試一下斷捨離，因為這對我來說是一件好事，但我不知道該如何回應他。

然而有一天，他突然不再聯繫我了。好幾個月都沒有回我訊息，所以我開始感到擔心，於是向他的親朋好友打聽他的近況，結果發現他得到了抑鬱症，正過著調養的生活。不但工作辭了，還把自己關在家裡，過得很辛苦。

我們必須要極力避免讓自己任憑情緒高漲，在斷捨離及其宣傳上耗盡力氣，導致心理失衡。不僅僅是不需要的東西，就連心靈的能量也都一併被斷捨離掉了。

買東西的時候也好，丟東西的時候也好，在任何情況下，行動之前，都必須要對自己說「等一下」。

情緒高漲也要用畫「標點符號」的感覺來喘一口氣。

「這個，真的有必要嗎?再好好考慮一下吧」、「要扔掉的話，就先扔一半吧。剩下的另外一半，我們再好好考慮一下吧」等，在心裡對自己這麼說是很重要的。

雖然看似簡單，但實際上這些習慣會帶給我們很大的幫助。

掌握正確的「停止時間」

「成癮」的機制

不僅僅是「買東西」或「丟東西」，我覺得現在很多人對他們所做的一切都太過於情緒高漲。

為什麼會發生這種情況呢？我想這是因為我們生活在一個過於「焦慮」的時代。

可以這麼說，因為工作的事、家人的事、人際關係的事，再加上天氣異常，對抗未知的傳染病……各式各樣的焦慮沉重地壓在心裡，為了保護心靈不受侵犯，而長時間讓情緒高漲。

在精神醫學領域，稱這樣的反應為「manic defense」，也就是「躁狂性防衛」。它是心靈的一種防禦性反應，透過將自己的心情轉換成暫時的躁狂狀態，從而不必意識到自己每天所感受到的焦慮、擔憂、煩惱等。

這個躁狂性防衛，實際上與被稱為「成癮」的各種問題行為密切相關。

購物成癮、賭博成癮、酒精成癮、藥物成癮……等，危害身心健康的成癮行為有很多種，但它們的共同特徵都是「令人愉快的刺激」。當你做那個行為的時候，會感到非常開心而且舒服。

然而，賭博的話會輸很多錢而蒙受損失，喝酒的話會引起糾紛或因為宿醉而感到痛苦、購物的話會被卡債逼得喘不過氣等，許多成癮行為的傷害都是因為事後總是後悔的傾向而引起的。最終你會陷入自我厭惡，並想著：「哦天啊，我怎麼又這麼做了……。」

即使他們陷入這樣的無限循環，但仍會想要藉由這些行為去尋求紓解和心靈上的救贖，而這些行為也會漸漸地升級。等回過神來，已經陷入沒有那件事就活不下去的地步了。

看清購買衝動的「沸點」

那麼該如何治療成癮呢？換句話說，我們要如何學會控制自己想去做這些成癮行為的衝動呢？

其中的關鍵是**觀察自己的心**。

人們在要做出成癮行為的時候，心裡一定會產生一種想要先去做一下這件事的「衝動」。

平時我們不會注意到這些衝動，但當我們意識到的時候，我們已經在網上購物，打開啤酒罐，或是購買大量的馬票了。

因此，擁有**「仔細觀察自己內心那一點點衝動突然湧出的瞬間」**的心理技巧是極為重要的。

想像一下，要煮水的時候，把水壺裝滿水，放到爐子上點火，或者打開電水壺的開關。

剛開始，在達到一定程度的高溫之前，會有一大段沒有發出聲音的加熱時間。

然後到了一定程度，當水溫上升到大概八十度左右的時候，水面上就會開始咕嘟咕嘟冒出小氣泡，過了一會兒，就會噗嘟噗嘟不斷地冒出大氣泡，這時水就沸騰了。

但你是否還記得小學時在一個科學實驗中看到過，實際上，水在攝氏四十到五十度的溫度下，會形成非常細小的氣泡，卻沒有聲音？（我已經忘得一乾二淨了……。）

我之所以講這個故事，是因為**我希望你可以把購物、賭博和酗酒等成癮行為想像成燒開水，把想做那些行為的衝動想像成冒泡泡**。

你清楚地知道，即使在超過八十度，泡泡會裂開的時候停止滾動；要讓水溫下降也需要花費大量的時間和精力。更不用說是沸騰後的衝動爆發了，再想抑制它，是極其困難的。

然而，**如果在四十度左右的溫水狀態下，就能夠注意到沒有聲音的小泡泡，也就是當衝動還微小的話，那麼只要把火關掉，應該就能在短短十分鐘內讓心回到常溫**。

要注意到這種微小的衝動，當然需要有仔細觀察內心的能力。

而磨練這種「心靈觀察力」的方法，正是在本書中也多次提到的「正念冥想」，由瑜伽、內觀冥想、坐禪、太極拳等東方智慧編織而成的各種心靈修養法。

如何把握「停止的時機」

關於丟棄東西，根據心靈觀察力的有無，也會產生很大的差異。為了在丟東西的時候，能夠在「減少一半」的時候停下來，你需要能夠「感覺」你已經在一定程度上把事情整理好了，並且你的心理也已經調整好了。

如果不能感受到這一點的話，不管丟到什麼程度都不知道「停止的時機」，不知不覺中就會任由情緒高漲，丟得太多了。

重要的是，不要低估它，或有著「不就是把東西丟掉而已嗎？」之類的想法。

我在序章中提到過，除非你培養「重視中道精神，凡事適度」的心態，否則斷捨離是行不通的。

我希望你能記住，如果你不有意識地這樣做，你的心靈就有可能陷入丟棄的快感之中。

希望你能理解磨練中道精神的方法是正念冥想，是更少、更豐富的正念生活本身。

「丟棄」之前，先「分類」

「三分」整理法

處理東西的時候，要懂得「分類」。

不需要馬上把想丟掉的東西當成垃圾集中起來。只要準備幾個紙箱，然後以「分類」的形式整理。例如，分類為：

- **使用頻率最高的「一軍選手」**
- **雖然使用頻率沒那麼高，但是想要保留的「二軍選手」**
- **已經三年以上沒有使用的「三軍選手」**

如果是用這個方法的話，將它們分類應該可以不用太猶豫。

只要在此基礎上，再根據物品種類，將收納場所也分為一軍、兩軍的區域就好了。

問題在於「三軍選手」。**為了避免扔掉必需品，我會建議你先將它們暫時放在紙箱中一晚或幾天，或者如果你想更仔細地想一下的話，可以放個一年左右。**

應該有一些是很難丟掉的東西吧。

我想，代表性選手應該就是衣服了吧。圍巾或領巾之類的小東西，包包、背包、化妝包等也是如此。

即使是好幾年沒穿戴過的東西也一樣。

「也許有一天我會穿到。」

「看起來好像有幾件衣服可以跟它搭配。」

「這很貴，丟掉很浪費。」

「也許類似的東西會再次流行起來。」

「減肥成功了的話，還能繼續穿。」

因為有了這樣的想法，所以應該也會有些東西是重複著「想要丟掉，但又收起來了……」這樣的循環吧。

事實上，有時候反而多虧了沒有丟掉而是保留了下來，在多年後挖寶，或許會再次發現它的魅力呢。

要如何防止「捨不得用而放到壞掉」？

所以，沒有必要強迫自己丟掉衣服等衣物。**只要在衣櫥或衣櫃裡，試著按照剛剛說過的順序，分為「每天輪替著穿的衣服和經常使用的小配件」的區域、「偶爾會使用的東西」的區域、「已經三年以上沒穿戴過的東西」的**

區域，這三個左右的區域就可以了。

如果你因為多年沒有使用某樣東西而把它收起來，它可能會成為一件捨不得用而放到壞掉的東西，所以訣竅就是**把它存放在你看得到的地方**。

看著那個區域裡幾個月都沒用過一次的衣服和小配件，就會產生「還是稍微穿一下吧」的心情。

透過這種方式重新認識它們的價值，那些原本想要丟掉的衣服和小配件也會重新活過來，或許你會比以前更能享受搭配時尚的樂趣，並擁有一顆珍惜事物的豐富心靈。

當然，應該也可以減少一半所謂「不使用」的浪費。

現今，全球**衣服損耗**的問題越來越嚴重。

據說「日本每年生產三十億件衣服，其中有一半，也就是十五億件賣不出去，被丟棄了」。不難想像，這將為地球環境帶來巨大的負擔。

這個衣服損耗的問題，乍看似乎是企業應該努力解決的課題。

雖然這是理所當然的，但另一方面，我們身為消費者也可以**透過不隨便丟棄來為減少衣物損耗做出貢獻**。

我想，從這層意義上來說，也是希望能活用「減少一半」的概念。

我的「書籍整理法」

大致上分為二個部分

應該有很多人都在猶豫是否應該把書籍之類也丟掉。

直到不久之前，可能很多人都還是按照「書盡量保留，雜誌舊了就扔了」這樣明確的標準來整理的吧。

然而，最近出現了許多結合了書籍和雜誌優點的「雜誌書（MOOK）[3]」形

3「MOOK」是將雜誌（Magazine）與書籍（Book）兩個字合在一起的複合詞。

式的書籍，現在書店裡也都擺滿了雜誌書。

換句話說，它是一種看起來像雜誌的出版形式，但內容卻可以媲美針對某個主題去進行深入探討的書籍。

這種雜誌書非常實用，因為它相對便宜所以容易入手，是大開本所以容易閱讀，而且高度地專業化。

正因為如此，也有人認為很難去判斷，是應該像雜誌一樣丟掉，還是應該保留它。因為要留著的話尺寸很大，所以似乎也有不少人覺得會很佔空間。書籍的整理方法，可能也正在進入新的時代。

於是，**我決定不拘泥於書籍的格式，把書架裡的書籍分成「經常放在手邊查閱，沒有的話就會擔心的書」專區，例如：藥物指南、總結疾病診斷標準的書，和「總有一天有時間的話會想讀的書」專區。**

新書、文庫本[4]、雜誌書，或者覺得只有這本是永久保存版的雜誌，種類各不相同，但是大致上按照大小順序排列的話，外觀也會變得整齊清爽，而且這樣做之後我從未感到有哪裡特別不方便。

當我急著找某個資訊的時候，我可以找書架的左半邊，當我有時間想慢慢閱讀的時候，我可以找書架的右半邊，這樣就很容易找到我需要的書了。

我的「只有這本是無法丟掉的書」

另外，在「已經讀過的書」中，把「想反覆閱讀的書」收在書架深處的角落裡，把「大概不會重讀，但不想丟掉的書」放進紙箱後再收到壁櫥裡。

當然，如果你認為自己不會再讀這本書了，想把它送給別人，你可以把

---

4 「新書」是105mm×173mm左右的小型書，內容通常是各領域的入門書；「文庫本」是105mm×148mm（A6）左右的小型書，內容通常是文學作品。

它拿到二手書店，酌情處理掉。

書籍是很不可思議的東西，即使是同一本書，也會根據自己的年齡和所處的環境，學習和體會到完全不同的東西。這種感覺可以用「被重新感動」來形容。

當我四、五歲上幼兒園的時候，老師為我讀了一本五味太郎的繪本《骷髏先生》（がいこつさん，暫譯）。主角是一具沒有皮、沒有肉的骷髏，雖然是令人震撼的設定，但我非常喜歡這本書，它是如此溫暖人心，又如此有啟發性，以致於我現在都已經四十歲了，還是會持續地拿出來細細品味。

不過，我也不會一直讀，而是每隔二、三年，當我忘了它的時候，就會拿起來翻閱，每次都會對照當時的自己，再度發現一些新東西。

當然，如果要把所有的書都重讀一遍，無論你有多少時間，都是不夠的。但有時候，如果遇到這種「只屬於自己的傑作」，每次重讀時都會覺得很開心。意識到這一點之後，就產生了「只有這本是無法丟掉的書」的想法。

丟棄的時候要秉持「正念」

正如我之前所提到的，即使你不是極簡主義者，**當你抱著「丟掉吧」的想法開始整理東西的時候，你的心靈會逐漸被丟掉東西所獲得的快樂所主導**，這樣的情況並不少見。

原因在於，「我應該把它丟掉還是留著？」這種想法本身，在這個過程中變成了一件苦差事，最後，丟東西這件事會變得很機械化。

如果你在不知不覺中，任由自己隨便把一堆東西丟進垃圾袋的時候，不要在當天把它拿到垃圾集中處，如果可以的話，我會建議你先把它放在房間的一個角落或是走廊的盡頭一段時間。

經過一夜的睡眠，隔天早上或幾天後再來看看垃圾袋裡面有什麼。恐怕看著看著，最後你會發現有很多東西會讓你大叫：「啊，這個還不能丟啊！」理由很簡單。因為「漫不經心」，也就是說你在心不在焉的狀態下，只是像自動操作系統一樣把它丟掉了。換句話說，你「無意識地（正念的相反）把它丟掉了」。

這個時候，為了避免後悔，絕對必要的是**用正念丟棄**。

總結起來就是這樣。打開在上一個例子中分類為「三軍候補選手」的紙箱，試著用心地去審視每一個東西，好好地考慮一下。

所以，如果你決定丟掉它（或賣給二手專賣店），請下定決心並和它徹底告別。

「我已經把你使用到極致了，實在很抱歉，我要把你丟掉了（把你賣掉了）。一直以來都承蒙你的照顧了啊，真的非常感謝你。」

我希望你能懷著一顆感恩的心來把它丟掉。因為是在理解自己是「使用到極致」後才把它丟掉的，後悔的程度也會減少。

如果你不小心扔掉了一些可以替代的東西，也只需要再買一個新的就好，但可能有很多情況並非如此。

例如，如果你丟掉了重要的人的遺物、充滿回憶的東西或是市場上已經不再流通的東西，你將永遠無法把它拿回來，所以必須要小心。

一旦有了感恩的心，就不會過多地丟棄東西，也不會過多地囤積物品，這應該能與實踐符合中道精神的「減少一半」相互連結。

祕訣就是「不假思索直接整理」

讓整理成為「例行公事」

讓房間變得雜亂的原因不只有捨不得丟東西。雖然是理所當然的事情，但是我們經常會把散亂的東西留在「不收拾」的狀態下。對於不擅長整理的人來說，要他根據「東西用完之後，把它放回原來的地方」這個再簡單不過的整理法則來行動，是件很難的事情。

要如何改善這種情況呢？

最好的方法就是「把整理變成日常生活各種行動中的例行公事」。

例如，試著想想回家後的行動。

畢竟，**最容易把東西弄亂的時候就是回家之後。**

首先，讓我們來回想一下回家之後我們做了些什麼。

你會把衣服脫下來丟得到處都是嗎？

你會把包包和手錶脫下來隨便亂放嗎？

想去洗澡，然後把洗好的內衣褲和睡衣等從衣櫃或洗好的衣服堆裡拉出來的時候，會不會就把要洗的衣服隨地亂丟？

這樣的例子不勝枚舉，但如果你一直重複這樣的情況，你的房間將不可避免地變得雜亂無章。

那麼，該如何讓它成為一種例行公事呢？讓我來舉一個例子吧。

◆將「回家後的整理」變成例行公事

①回到家後，第一件事就是把鞋子脫掉並將它們擺放整齊。或者乾脆把鞋子擦乾淨，放進鞋櫃裡。

②洗手並漱口。

③走向衣櫃，脫下西裝和領帶。此時，請檢查口袋中的東西，然後把它們連同手錶、錢包和證件套一起放進衣櫃的抽屜或「個人物品箱」裡。

④把用過的手帕和紙屑等也拿出來，徹底清空口袋，然後把西裝掛在衣架上。

⑤把衣服分類，要送到洗衣店的放在一個專用箱裡，要在家裡洗的衣服放在浴室的洗衣籃裡。

就是這樣的狀況。

我相信可能有些人會想「什麼嘛，這些都是我平常就一直在做的事情啊」，但相反地，可能有些人根本沒有在做這些事情！這就是為什麼每個人回家後的例行公事有著很大的差異。

我介紹的每一個動作都沒有什麼特別的，但是透過「確定步驟並把它變成例行公事」，就不用再一一考慮「接下來應該做什麼？這個應該放在哪裡？」之類的事情了。

那麼，我們需要用多長的時間去有意識地採取行動，才能將一個新的習慣變成例行公事呢？

根據二〇〇九年倫敦大學發表的研究結果顯示，**人們改變個人生活習慣平均需要「六十六天」**。

當然，這因人而異，所以不能一概而論，但如果你每天都稍微努力一下，有意識地去改變自己的日常行為的話，至少持續二、三個月之後，就很有可能會成為一種自然的習慣。

試著每天重複「相同的整理動作」

不假思索地整理——這就是祕訣。

就像回家後的例行公事一樣，早上出門前的活動、飯後的活動以及度過休息日的方式也必須建立一定的常規，包括「把用過的東西放在它應該在的地方」。

如果你能一直自動地重複相同的整理動作，你就可以自動地將房間裡的雜亂程度減少一半，甚至更多。

身為禪僧，我們在修行時所經歷的生活方式是極其簡單的。

例如早上，我們在鐘聲響起時起床，在短短七分鐘內做完所有準備後，就到大殿和大家一起做早課誦經。

另外，到了晚上，我們會把身上穿的衣服脫下來，像柔道服一樣捲起來放在架子上。取而代之的是，將揉成團的薄被攤開鋪上，然後在二十秒內熄燈就寢。

我剛入門的時候，動作不是很順暢，常常會惹學長們生氣，但是習慣了之後，真的會覺得很清爽！東西沒有任何可以散亂的空間，而且修行的僧侶本來就不會有任何亂七八糟的雜物。

將「平常的行李」減少一半

行李變輕了，心也就變輕了

令人驚訝的是，有很多人在外出的時候會攜帶太多東西。

因為工作拜訪客戶的時候、去地方出差的時候，私人小旅行的時候，你可能會想「這個應該也需要，那個應該也帶一下比較好吧」，結果在不知不覺中行李就增加了。

與工作相關的資料等可能無法減少，但令人驚訝的是你可以減少許多行李中的其他東西。現在這個年代，如果你忘了帶什麼東西，除非你是在非常偏遠的地方，否則無計可施的時候還可以去便利商店買。

此外，為了慎重起見，在工作時隨身攜帶可供確認的紙本文件等，平時就可以將它們存成圖像資料保存在桌機或平板電腦上，或是存在隨身碟裡。

包括旅行在內的出行，推薦你輕裝出行。因為行李輕的話，心情和腳步也都會變得輕快。

我希望你想像一下，在旅行途中，在換交通工具的時候剛好有大概一個小時的空檔。

如果你自己帶著一個很大的行李，你會先考慮到的可能是：「找家咖啡廳待一下吧？」或者是：「候車室裡面有沒有空的椅子呢？」

這個時候，如果你帶的是輕便的隨身行李或是一個背在背上的背包，你可能會浮現出「附近有一家感覺很有趣的特產店耶」、「步行五分鐘左右就有一個能量景點神社，稍微去看一下好了」等，「再稍微走遠一點」的想法。

在旅途中稍作停留的地方，你會發現一些新的東西，無論是出差還是私人小旅行，一定都會為你的旅行記憶增添色彩的。

回家後必須「立刻」確認的事情

為此，請檢查你平常不知道為什麼就放在包包裡，但其實很少用到的東西，並養成經常從包包中取出它們的習慣。

如果你總是習慣隨身攜帶很重的包包，請一定要以「減少一半」為目標，試著減少行李。

即使是日常生活中很難注意到這些問題的人，但如果是**旅行回來的時候快速地檢查一下包包或背包這樣的習慣**，應該還是很容易養成的。

最近，為了預防傳染病，有些人外出回家後開始會用含酒精的濕紙巾擦拭包包底部和把手。我會建議你回家後務必把「消毒」和「整理隨身物品」設定為例行公事的一部分。

打開玄關脫下鞋子後，首先試著從「雖然帶出門了，但結果還是沒用到，就又帶回來了」的東西中削減。恐怕，別說「一半」了，可能還能減少更多的隨身物品來減輕包包的重量吧。

跟「雲水」學習極簡生活

在精簡行李這個部分，雲水的生活方式應該是無人能出其右的。

作為參考，我想介紹一下，十年前我曾進入鎌倉大本山建長寺，俗稱「建長僧堂」的修行道場，並在那裡進行了三年左右的修行。

所謂的「雲水」，指的是禪宗的苦行僧。以前的苦行僧為了拜師，一邊走遍道場旅行，一邊學習禪宗的境界。在佛陀指引下旅行的姿態，就像是在空中行走的雲和河中流動的水，因此被稱為「行雲流水」。

據說這個詞被簡稱為「雲水」，後來用來泛指苦行僧，當地人也親切地稱他們「雲水先生」。

現在，像過去那樣輾轉於多個道場的雲水先生反而是少數，包括我在內，大多數的人如果是在建長僧堂的話，就會在建長僧堂修行三年；圓覺僧堂的話，就會在圓覺僧堂（大本山圓覺寺的修行道場）修行三年。一直在同一個地方修行已經成為普遍的選擇。

至於雲水先生入門時帶的隨身物品，是掛在脖子上的「袈裟文庫」，而不是大家平時隨身攜帶的包包。

這是一個大小足以放下文庫本的小箱子，裡面放入揉成小團的袈裟和兩、三套內衣褲、經書、剃頭時使用的剃刀、牙刷等。

另外，在這個袈裟文庫的外側和掛在脖子的繩子上，綁著裡面包了雨衣等東西的布巾，和由五種不同大小、疊在一起的碗組成，叫做「持鉢」的餐具。它就像俄羅斯的民間工藝品「俄羅斯娃娃」一樣層層相套，所以即使有五個也很小巧。而且，戴在頭上的是用竹子編織的大斗笠。

雖然只有這些，但對於修行之旅的行李來說，已經足夠了。

只要儀容整潔、坐禪、工作、誦經、有飯可吃，其他什麼都不需要。這就是禪宗苦行僧的生活方式。

當然，我想每個人在現實生活中都很難做到這一點，不過，**如果在你打扮的時候，在心裡的某個角落，能夠想起總是帶著最小限度的行李、努力修行的雲水，那就太好了。**

即使無法自然地將行李減半，至少也能比平時減少許多、輕鬆地出發吧。

整理浴室

「只為了自己」使用的最佳時光

沐浴時間是治癒一天疲勞、補充能量的重要時間。不僅能去除身體上的汙垢，還能去除「心靈上的汙垢」。

尤其是我們非常重視「泡在熱水裡」的習慣，正是日本特有的傳統吧。

「當你浸泡在熱水中時，感覺身體逐漸變暖」或許可以被視為是日本原創的正念形式。

哲學家和辻哲郎在《古寺巡禮》一書中寫道，西洋的浴室「不過是洗掉身體上的汙垢罷了」，而日本的浴室則是「一個能讓你沐浴後感到神清氣爽、心曠神怡的地方」。

我不禁要感嘆：「我完全同意！」

洗澡是一個放空腦袋的獎勵時間。其實我從小就很喜歡泡澡，尤其是泡溫泉。即使是出差的時候，我也常用心地享受溫泉。

平時，應該很多人在家裡都很難有獨處時間吧。尤其如果是有孩子的家庭，或者是自己在家照護長輩的話更是如此。

對於那些獨居的人來說，似乎每天都是獨處的時間，但實際上，即使是一個人度過，從真正的意義上來說，很多人都很難將時間花在「只為了自己」上面。

在這種情況下，泡澡時間正是只為了自己而存在、一個人能度過的寶貴時間。

正因為如此，所以建議你至少在泡澡的時候，不要帶手機，如果可以的話，也暫時放下電視、音樂、書籍等，用自己的心靈和身體仔細地感受熱水的溫暖。

洗澡的美妙之處，就在於當你脫掉衣服之後，不僅僅是你的身體，就連你的心靈也會回歸到出生時的自然狀態。換句話說，「這是最能讓你面對自己情感的『服裝』」。

這是一個不受拘束、能以開放心態度過寶貴時光的地方。

至少每二、三天泡一次澡吧

我強烈建議大家可以在泡澡的過程中，在讓身體浸泡在熱水中漸漸變暖的同時，進行接下來要介紹的**感謝冥想**。

這是一個簡單的冥想，「祈禱重要的人能幸福，祈禱自己能幸福」。

這種冥想的根源，是那位眾所皆知的達賴喇嘛每天在練習的「梅塔（慈悲）冥想」，它是一種能重視自己的存在，感謝他人的溫暖冥想。如果能把它融入在仔細清洗身體的泡澡時間裡的話，應該會成為一個特別的「療癒時間」吧。

其實我之所以重視泡澡時間，是源自於年輕時的一次經驗。我已故的外祖父，以前是曹洞宗的僧侶，名叫永久良雄，他生前在浴室的磁磚上寫下了「洗心無垢」四個字。

這是祖父模仿了「純真無垢」這個詞，是字典上沒有記載的造詞。小時候的我在橫濱市磯子區，在一座由良雄和尚擔任住持的寺廟「龍珠院」裡，整天玩得全身是汗，到了傍晚就讓我去泡澡。

當我泡在浴池裡看著磁磚上寫的四個字時，雖然我當時還是個孩子，但還是覺得「爺爺寫的這個，真是個好詞啊」。

人類的心靈在我們出生時是純潔無瑕的，但由於成長經歷和社會經驗的影響，人的心靈被染上了刻板印象的色彩。

但是，無論我們已經長到多大年紀，都一定能像用肥皂清洗身體一樣，洗滌我們的心靈。

從長期以來一直受到當地人敬仰的外祖父那裡收到的這句話，我至今仍銘記在心。

不管怎麼說，**浴池是一個能徹底洗淨一整天堆積在我們身心上的汙垢、將疲勞和壓力減半甚至更多的最佳正念場所。**所以我希望你不要總是沖澡，而是可以每二、三天在浴池中悠閒地、仔細地泡一次澡。

來，我們來打掃浴室吧

為了讓浴室成為一個可以解放身心的地方，重要的是要確保你一踏入浴

室，就能看到一個清新舒暢的空間。

如果架子上到處都是東西的話，光是這樣就會讓你的視覺忙不過來了。你家的浴室又如何呢？

似乎很多人都認為，沐浴用品在不知不覺間就增加了。洗髮精、護髮乳、沐浴乳、香皂、洗面乳、刮鬍膏、沐浴鹽……雖然就種類來說並不多，但每位家庭成員都有自己的「專屬瓶子」和基礎保養品。另外，還有很多在藥妝店等特價時囤貨的沐浴鹽和玩具，所以架子已經是處於一種超級雜亂的狀態了。

如果在你打開浴室門的那一刻就出現這樣的混亂場景，你的注意力資源就會從那一刻開始被持續消耗。浴室將成為一個無法讓你心靈獲得休息的地方。

而且，如果沐浴用品的容器上都沾滿了黑色水漬的話，會覺得自己的心靈變髒了也不足為奇。

即使從今天這一刻開始，也把浴室整理一下吧。

比如在架子上裝上窗簾等，盡量不要讓滿坑滿谷的沐浴用品進入你的視線，或者只要平常讓每位家庭成員都把自己的用品放在專用的籃子裡，每次洗澡時，各自拿著自己的用品進入浴室等，如此一來，視野就會變得更清晰開闊了吧。

如果你把沐浴用品從視線中移除一半的話，你的心靈汙垢也可以減少一半。與此同時，這裡也將是一個可以讓你恢複一整天消耗掉的能量，並養精蓄銳的地方。

第2章

將「飲食」減少一半

為什麼「總是不小心吃太多」？

「發胖」的原因

根據令和元年日本厚生勞動省發表的「國民健康、營養調查」報告，成年肥胖者的比例為男性百分之三十三，女性百分之二十二點三。

自古以來人們就知道，肥胖會增加各種生活習慣病的風險，厚生勞動省從二十多年前就開始在各個領域進行預防工作，但遺憾的是，近年來肥胖人口的比例始終沒有減少。

在公共衛生領域，「健康平均餘命」的概念最近開始受到重視。所謂的健康平均餘命，是指一個人在日常生活不受健康問題限制的情況下，可以生存的時間長度。

無論多麼長壽，如果身體上有明顯的不便或需要持續的照護，就不能稱之為「健康」，所以「健康長壽」這個目標變得更加重要。

而肥胖被認為是縮短健康壽命的一個主要因素。肥胖程度越高，健康平均餘命就越短。

造成這種情況的原因有很多，但其中一個主要因素是動脈硬化所引起的疾病，例如：腦中風、心肌梗塞等，這些症狀會造成癱瘓、活動受限等嚴重的後遺症。

雖然我說的話有點像教科書，但是為了讓我們在有限的生命中過上健康的生活，如果可以的話，我想要消除肥胖，並且我本來就想要預防過重了。

雖然肥胖的原因不只有一個，但「吃太多」無疑是其中的一環。換句話說，就是因為攝取的卡路里超過了消耗的卡路里，所以才會發胖。

吃得很快、邊吃邊做事、吃得太多……

為什麼不知不覺就吃太多了呢？我認為主要可以分為三種理由。

①吃東西的速度太快了

「能幹的商務人士，不僅僅是工作效率，就連吃飯速度也很快。」

雖然不知道有沒有這樣的不成文規定，但是每當我看到公司那些菁英人士吃飯的樣子，經常會被嚇到：「咦，已經吃完了嗎？」

就連說「我開動了」也很敷衍，狼吞虎嚥。把飯菜都大口大口地塞進嘴裡。把好幾根麵條捲成一團大口地吃掉。

雖然我很佩服這種豪邁的吃法，但還是會覺得「吃這麼快不會被噎到嗎……？」實在令人擔心。如果是麵類的話還好，但是連米飯也是，咀嚼的次數很少，我幾乎都要以為是在「喝」飯了呢。

像這樣吃得很快的話，那麼在你的飽食中樞發出「你已經吃飽了喔」的信號之前，你會不斷地把食物塞進嘴巴裡。

所以就會不知不覺地吃太多了。

其實，在我們禪僧的世界裡也是如此。我在禪宗道場（僧堂）修行生活的那幾年裡，被教導吃飯越快越好，然後「安靜、不要發出聲音」。

確實，吃飯不發出聲音很重要，這是為了不妨礙彼此的修行，也是對食物表示敬意，但問題是「越快越好」。一大碗白飯，就像喝味增湯似的，三、四口就要囫圇吞棗般地吃光。

我在修行時也覺得應該要入境隨俗，讓其他的人等會很不好意思，所以一直拚命地吃得很快。

但是從道場回來幾年後，我突然產生了疑問。為什麼一定要用那種方法吃飯呢？

日本的臨濟宗道場到底是從什麼時候開始用那樣的吃法呢？

我冷靜地思考了一下之後發現，這大概本來就是為了盡可能地騰出時間來坐禪和修行，而想出來的「功夫」吧。

還有另外一點，由於拚命地吃到這種程度，除了吃飯這個行為之外，我不會注意到其他任何事情。這難道不是為了專注於眼前用餐這個行為的「智慧」嗎？

但回想起來，在我看來，至少和我一起訓練的許多朋友從來不知道在道場裡吃得很快的意義，他們就像是被強迫的一樣，用任誰看起來都是不健康的吃法，只因為覺得「這就是規則」。

還不習慣的新人雲水先生們，一邊啪嗒啪嗒地流著眼淚，一邊把施主、信徒和淵源深厚的寺廟所供奉的白米，像比賽誰吃得快一樣地吃掉。

透過這樣的一頓飯，雲水先生的心中是否會生出對食物的感激之情呢？

難怪臨濟宗的僧侶們在談論自己的修行時代時，總是會說「吃飯時間是最痛苦的時候」。

而且，很多和尚從修行生活中回來之後，也改不掉那種吃很快、吃很多的習慣，還因此患上了肥胖和糖尿病等慢性病。

和尚是傳達所謂「善待自己」這種智慧的佛教中堅力量，但毫無疑問地，他們正繼續以損害自己身體的方式進食……。

這就是諷刺的現實。原本應該是修行智慧之一的飲食功夫失去了「心」，只剩下「形式」，結果就變成只是苦行了，對此，我不禁感到悲傷。

作為一線希望，近年來有一部分的師家（擔任指導職務的僧侶），在修行道場也不再鼓勵僧人們用這種不合理的速度進食了，而是安靜、仔細地、好好地品嚐。

我們可以從珍貴的食物中得到最大限度的營養，並向為我們供養的信徒、為我們做飯的同修，甚至培育作物的大地和自然，努力地表達我們的感激之情。

我深深地為這樣一位師家的高尚處世之道所折服，他在禪宗的實踐中重新喚起了「心」。

②「邊吃邊做事」

吃飯時，只專注在食物上。這在現代生活中可能是極為困難的。

我想大部分的人應該都是「邊吃邊做事」吧，例如邊吃邊看智慧型手機、邊吃邊看電視、邊吃邊說話。

然而，這種飲食方法存在著很大的風險，它會讓你在不知不覺之間食量增加。為什麼呢？

首先，邊吃邊做事本來就會讓人很難分辨食物的味道。將注意力集中在進食的時候食物所產生的味道和香氣，仔細、認真地品味才會讓肚子和心靈都感到滿足。即使吃得恰到好處，也能帶著滿足感吃完飯，然後從心底想著「真好吃。好幸福啊。真是太感謝了」，並說出「謝謝招待」。

請試著回想一下電影院的爆米花。

這種爆米花，會裝在一個很大的桶狀容器中，數量很多。一開始你可能會想「我吃不了這麼多」。

然而，正如我所經歷的那樣，在看電影的時候，我不斷地把手伸進容器中，結果不可思議地幾乎把它全部吃光了。

我希望你下次也能嘗試一下，在電影院裡忍住不要吃爆米花，試著在電影開始前或結束後，坐在大廳裡，安靜地、集中注意力地吃那桶和平常一樣大小的爆米花。

如此一來，我想大部分的人都會中途就感到厭倦，或者吃到很累，覺得「夠了」吧。

邊吃邊做事會讓我們的大腦處於難以滿足的狀態，結果，我們會不知不覺地吃得太多。

對飲食變得漫不經心，你的飽食中樞也會變得麻痺。

③維持「學生時期的食量」

人們常說學生時期是食慾旺盛的發育期，尤其是初、高中生左右的人，真的吃得很多。

我在高中時期，暑假裡也連日進行了田徑部的練習，但回家路上我一定會去吃一碗特大份的牛丼。那竟然是一碗就有一千五百大卡的特大份。

那時候有個同學總是和我一起玩。練習結束後，他幾乎每天都會和我一起去牛丼店，我清楚地記得有一天，在回家的路上，他大喊著：「我不想再過這樣的生活了！」

我現在覺得「我對他做了壞事啊」，真的感到很抱歉。

然而，對於我和我的同學來說，即使我們吃了三餐外加一千五百大卡的牛丼，我們的體重卻絲毫沒有任何變化，年輕真是一件了不起的事。

令人驚訝的是我們還這麼年輕。不僅是我在成長，而且我在社團活動中也進行了大量的運動，所以我很餓，而且我的新陳代謝很好，所以無論吃多少我都沒有增加體重。由於正處於生長期，再加上在社團活動中也進行了大量的運動，肚子已經餓到不行了，多虧那時候代謝好，怎麼吃也吃不胖。

選擇適合「現在的自己」的吃法

我們每個人都會在十多歲後半的時候到達巔峰，二十多歲之後，我們的基礎代謝率和運動量都會隨著年齡的增長而下降。

問題是，**隨著年齡的增長，我們能逐漸減少食量嗎？**

雖然很難準確地感受到自己的身體需要攝取多少卡路里，但是隨着年齡的增長，漸漸地在用餐之後胃變得容易消化不良，一旦吃了東西，就需要很長的時間才會再次感到飢餓，因此，了解你**身體發出「已經到了最好不要吃那麼多的年紀了喔」的訊息**是很重要的。

正是這種不可或缺的能力，才能長期保持健康的身體。

但是，似乎很多人都無法順利地從學生時期的食量轉換成大人的食量。

像這樣，之所以很難理解自己的身體在說什麼，與前面提到的吃得太快和邊吃邊做事有著很大的關係。

如果你吃得太快，甚至連感到飽足的時間都沒有，或者是你邊吃邊想著別的事情，而不是重視你身體的感覺，你可能會錯過來自身體的重要訊息。

即使年齡增長，但如果不和年輕時吃得一樣多的話就會覺得不舒心。換句話說，如果無法從學生時期食量「畢業」的狀態持續很長一段時間的話，生病的風險也將會大幅地增加。

平時就該好好地留意自己的飲食行為，不要錯過身體發出已經達到適當攝取量的警訊是非常重要的。

那麼，從下一節開始，我想具體地思考一下把食量減半的技巧。我們的目標是不給自己太大的壓力，以健康的方式減肥。

首先要將精神集中在「前三口」

「最終」食量減半的飲食技巧

把食量減半的想法付諸實踐似乎相當困難。

但是，請放心。

我的建議是，不是有意識地把份量減半，而是**最終，量變成了一半左右**的吃法。

因此，最重要的一點是**把吃飯的速度放慢一半，但相應地，要一邊慢慢地品嚐料理，一邊仔細地進食**。

之前，在談論「不知不覺吃太多的原因」的過程中，出現了吃得太快、邊吃邊做事和學生時期的食量，這三種情況。

所以，只要一一停止這樣的飲食方式，就可以防止自己吃得太多。

然而，我們的飲食方式多年來已經根深蒂固。突然想要改變飲食習慣，是極為困難的。

那麼，就先從**前三口要慢慢地、仔細地品嚐**開始吧。

前三口——「細嚼慢嚥」的用餐方式

①首先，先仔細觀察眼前的料理。

「肉汁都滲出來了，看起來多汁又可口。」

「當季蔬菜的顏色很漂亮。」

「魚很香，烤得很好。」

「從碗中冒出來的味噌香味很高雅。」

從這些狀態中，用五種感官去享受色彩和氣味。當你的唾液流出來，你的大腦就準備好要吃飯了。

②接下來，咬一口任何配菜，哪怕只是一粒米，慢慢地放進嘴裡。然後，閉上眼睛，充分地享受食材散發出來的味道，一遍又一遍地咀嚼，直到無法再咀嚼，慢慢地嚥下去。

試着注意一下平時無意識的咀嚼聲和嚼勁，你可能會有一些有趣的發現。

咀嚼放到嘴裡的食物是「消化的第一步」。咀嚼次數少的話，營養的吸收就會下降，這是因為這個最初的階段不會正常運作。

透過徹底咀嚼食物，唾液澱粉酶會分泌出來，初始代謝過程就能順利地進行。另一方面，如果你在沒有充分咀嚼的情況下就吞下食物塊的話，你就會跳過消化的第一步，這會給負責後續消化過程的胃和腸道帶來壓力。

例如，有很多牙齒不好的人，排便困難或反覆地腹瀉、便祕，其實是因為他們無法咀嚼食物。

那麼，如果這些人一開始就吃切碎或磨成糊狀的食物，是否就可以避免便祕呢？

令人驚訝的是，事實並非如此，事實上，有咀嚼障礙的老年人即使每天吃攪拌餐（用攪拌機攪碎的飯菜），也很難控制排便，我相信照護機構的工作人員和有照護經驗的人應該都知道這一點。

人們對這個機制有許多假設，但最有可能的一種是，**當人們咀嚼的時候會活化副交感神經系統，從而促進胃腸蠕動，於是可以健康地排便。**咀嚼的次數越少，胃和腸道就無法正常運作。

然而，**咀嚼對飽足感的自覺也有很大的影響。**牙根附近或臉頰內的咀嚼肌（咬肌）具備神經感測器，可將咀嚼引起的刺激轉化為訊號，傳送到大腦中的「咀嚼中樞」。

於是大腦中會分泌出一種叫做「神經組織胺」的物質，這個神經組織胺會讓飽足中樞感到興奮，讓你意識到「我吃飽了」。

產生飽足感的另一種機制是大腦感知血糖值上升的機制，但與此相比，我們知道透過這種咀嚼分泌神經組織胺的信號傳播得更快，對防止吃太多有更多的貢獻。

像這樣，從醫學的觀點來看，不管是最初的二口還是三口，仔細品嚐的效果都很大。

在你不知不覺中，你的進食速度就會減半

只有三口，恐怕時間也只有一、兩分鐘吧。從第四口開始和平時一樣也沒關係，所以我認為可以很簡單地付諸實踐。

實際做的話馬上就會知道了，像這樣，把意識集中在料理上，仔細品嚐

的話，應該會有比容易得到飽足感更大的發現。

沒錯，就是**覺得飯比平時好吃**。

那種濃郁風味讓人滿心歡喜，所以常常會有**原本只打算前三口細細品嚐的吃法，變成了四口、變成了五口，在不知不覺中，整個進食速度就降到了過去的一半左右**。

與此同時，透過開始適量飲食，你將能夠正確接收來自大腦飽足中樞的訊息。

當你放下筷子說「我現在真的吃飽了，非常好吃，謝謝招待」的時候，你可能會發現，不僅是吃的速度，連吃的量也只有以前的一半左右。

用餐前念誦《食存五觀》

不要吃太多，但也不要太過忍耐

在佛教的世界裡，僧侶的飲食基本上是非常「樸素」的。

這並不意味著僧侶不可以吃得很奢華，而是一種智慧，即放下「我想吃更豪華的飯菜」和「我想大口大口吃重口味的食物」的不滿和慾望，即使在簡單、極少的飲食中，也能全身心地投入到日常修行中。

不要吃太多，但也不要過度忍受飢餓感。佛教即使在飲食方面也很重視「中道」。

我們認為每天、每餐都是理所當然的。但這真的是理所當然的嗎？回顧人類漫長的歷史，可以說，能吃飽的時代是少之又少。我認為我們現在生活在一個食物奇蹟般豐富的時代。

當然，放眼世界各地，仍有許多國家和地區的許多人因糧食短缺而遭受苦難。

考慮到這一點，我就覺得有飯吃是一件多麼值得感激的事情啊。我想，如果我們能夠真誠地感謝大自然為我們提供了食物的恩惠、感謝為我們提供原料的生產商和零售商，感謝滋養我們身體的生命，那就太好了。

然而，當我們忙於日常生活時，可能很難專注於這種感激之情。

事實上，佛教自古以來就蘊含著這方面的智慧。

吃飯前，我們會念誦一首名為《食存五觀》的經文，為吃飯做準備。

這個經文因被日本曹洞宗的始祖——道元禪師的著作《赴粥飯法》引用

而廣為人知。

據說原文是中國唐朝的南山律宗創始人——道宣大師所著，由後人翻譯而成。

這是一部簡短但很有味道的經文，我幾乎每天在修行道場吃飯的時候都會念誦，所以我想在這裡介紹一下原文和解釋。

◈ 食存五觀

一、計功多少，量彼來處。

深入思考你將要吃的米飯和蔬菜是如何來到這裡的：有人收集食材、準備食物；有人購買食材並提供給我們；有人種植稻米和蔬菜。讓我們感謝這麼多人的付出和辛勞，感謝大自然的恩賜孕育了農作物……所有生命都是相互連結的，感謝我們可以吃到食物。

二、忖己德行，全缺應供。

想一想你的生活和行為是否值得付出如此多的努力和生命。請想一想，你是不是為了世界、為了他人而活，在享受的同時反省自己的不足。

三、防心離過，貪等為宗

人生來就有佛性，但也有壞心。如果你被壞心那一面沖昏了頭的話，會犯貪、嗔、痴這三個錯誤，內心會變得貧乏。讓我們改掉這三個錯誤，專注於自己的佛性，以謙卑的心吃飯吧。

四、正事食藥，為療形枯

吃飯不僅僅是為了充飢，也是為了滋養身體、維持並改善健康。將食物視為良藥吧。

五、為成道業，應受此食

根據以上四點用餐，就是實踐佛道，就是修行本身。讓我們念誦《食存五觀》，心懷感激地享用美食吧。

苦行僧們大聲念誦此經文，最後敲響拍子木，然後開始用餐。

在禪宗的修行道場中，「食堂」也是「三默堂」之一，所以在食堂裡不能說話（另外，禪堂和浴室也包含在三默堂裡）。

然而，只有《食存五觀》例外。在食堂開始吃飯之前，一定會結合《般若心經》大聲地念誦。

只有三十秒也好，用餐前先「默念」

如果可以的話，我希望每位讀這本書的人，都能夠在用餐前念誦《食存五觀》。

念誦只需要一分鐘，所以我想飯菜也不會因為放太久而涼了。即使只是心情好的時候，在心裡念誦也可以，所以請體驗一下。雖然原本的佛經語句很耐人尋味，但是在難以閱讀的情況下，也可以使用上面提到的現代譯本。

不過，如果你覺得「佛經對我來說有點太難了」，那就在**用餐前花一分鐘，如果還是覺得太長的話，三十秒也可以，閉上眼睛並在心裡默念「我現在要享用這個寶貴的生命」或「我將透過這頓飯得到營養」之類的話。**

在忙碌的生活中，你可能會發現自己經常莫名其妙地就以「工作模式」或「勞動模式」開始用餐。

但是那樣的話你就很難轉換心情，也很難專注於吃飯這個行為。

在拿起筷子之前，請試著先暫時停止所有動作，並從工作、勞動模式轉換為用餐模式。為此，我希望你們能表達對食物的感激之情，並在心裡默念

「我會盡全力去享用飯菜」這句話。

我相信，透過更加專注於飲食，你將會獲得比以前更豐富的體驗。

如果你的飲食生活變得更加豐富的話，無意識的吃得太多和吃得太快等習慣自然就會消失，你就能輕鬆地把飯菜減半。不但身心都會得到滿足，也許也會成為人生好轉的契機。

停止「再喝一杯」

如何保持「適可而止」

對於喜歡喝酒的人來說，在晚上喝一杯是對自己平時努力工作的極致幸福獎勵。我認為休息日從白天開始喝酒，就是一種終極的奢侈。

只是，酒精這種東西往往很難踩煞車，相信很多人都有過這樣的經驗，說「再喝一杯就好……」，然後就越喝越多。

或許你也有過「回過神來，發現自己已經爛醉如泥」、「當時覺得很清醒，但是當我第二天回想起來的時候，發現自己其實斷片了」、「當我從座位上站起來的時候，沒有辦法走一直線」之類的經歷。

除了酒精之外，我們往往還會過量消費許多其他所謂的「嗜好品」，例如：咖啡、香菸、糖果和冰淇淋等。

然而，酒類和其他嗜好品之間存在著明顯的差異。

這意味著酒精有醉人的效用。你喝得越多，就越會逐漸失去理智，即使你知道這對身體不好，但你還是無法停止再喝一杯。

當然，酒精具有緩解日常壓力、帶來放鬆和振奮精神的作用，所以我並沒有想要完全否認這一點。

日本酒文化現已享譽世界，作為日本人，我很高興有這麼多其他國家的人喜歡日本製造的酒。

正因為如此，我認為**最重要的是「要如何適量飲酒」這一點**。

因此，首先，我建議先將酒量減半。

停止「大量購買」，改成「用多少買多少」

現在，在家喝酒的人越來越多。

酒類相關製造商也紛紛推出了以「在家喝酒」為目標的銷售策略。最近可以很容易地買到家用啤酒機，讓你可以像在居酒屋一樣，在家裡喝到具有細膩泡沫的啤酒。

事實上，在家喝酒隱藏著過量攝取酒精的危險。

對很多人來說，如果他們在外面，例如餐廳等地方喝酒，因為他們必須要好好地走去搭電車回家，所以喝到一個程度之後會停下來然後回家。

然而，當你在家喝酒時可以很放鬆，因為如果喝醉了，可以直接倒頭就睡，這會讓你結束飲酒的理性作用變得很弱。如果你在家中儲存了大量的酒精飲料，你的飲酒量可能就會無限增加。

所以，首先，試著**改為用多少買多少，只購買當天要喝的份量。**

這其實是一種控制飲酒量的方法，實際上也被推薦給有酒精成癮傾向的患者。

例如「我今天只喝兩罐三百五十毫升的啤酒」、「我只喝一杯罐裝燒酒」，或者「我只喝一罐五百毫升罐裝啤酒和一罐罐裝調酒」這樣的做法，**將其設定為飲酒過量時一半左右的量，然後喝多少買多少**。

在大多數情況下，我想你可能會想「不知道這個量夠不夠」。

這個方法的關鍵是，先決定如果不夠喝的話，就每次都去便利商店買。因為不夠的話再去便利店就好了，我想在心情上也會變得比較輕鬆。

不過這個方法非常有效，當你把實際買的份量都喝完，感到微醺的時候，很多人會覺得再去便利商店買東西實在太麻煩了，或者不喝到那種程度也沒關係。

如果你仍然覺得嘴饞的話，可以喝一杯加冰的氣泡水，或者喝一杯溫熱的花草茶，也許你也能發現在酒精以外的享受方法。

如何「慢慢地、仔細地」喝酒

和吃飯吃得太快、吃得太多相同，飲酒量往往會因為喝得太快、喝得太多而快速增加。

正因為是晚上小酌的愉快時間，所以更要仔細地品嚐。訣竅是像品酒一樣慢慢地品味。

在這種情況下，可以**效法葡萄酒侍酒師的做法**。現在網路上有很多侍酒師講解的影片，我想看了之後應該會很容易理解。

◆正念飲酒法

①首先，傾斜玻璃杯並將其放在光線下，欣賞葡萄酒的紅色色調。

②根據沿著玻璃杯側面流下的葡萄酒黏度（黏性的強度），來預測酒精的

強度、糖度、葡萄酒的萃取程度等。

③將玻璃杯靠近鼻子，享受最初的香氣。

④「旋轉」（旋轉玻璃杯讓葡萄酒與空氣充分接觸）後，再次試著感受香味並享受變化。

⑤含一小口，慢慢地用舌頭在口中滾動葡萄酒，感受它的酸味、澀味、美味。再觀察它穿過鼻腔的香味。

為什麼要在口中整體品嚐一遍呢？這是因為我們的舌頭感知非常地纖細，即使是同一片舌頭，在不同的地方感受到的味道種類也不同。甜味在舌尖，苦味在舌根，酸味在舌側等，守備範圍都不一樣，所以為了要充分享受葡萄酒複雜的風味成分，重要的是要在整個口腔中品嚐它。

⑥再觀察穿過鼻腔的香味，仔細品嚐之後，最後咽下，這個時候也能感受到從喉嚨沿著食道流到胃裡的葡萄酒觸感。這裡並不是終點。喝完之後，再用嘴巴和鼻子享受餘韻。

⑦最後，試著用言語表達在飲用過程中感受到的味道和香氣，以及你對這杯葡萄酒的評價。

就這樣，只喝了一小口葡萄酒，大概十到二十毫升，這就是這是侍酒師式的品嚐方式。

扮演侍酒師的好處

總之就是慢慢地喝吧，但我之所以這麼詳細地向大家解釋喝法，是因為**慢慢地喝其實很難**。因此，實現這個目標的有效方法是**有儀式感地決定動作並慢慢地進行**。

當然，如果你在居酒屋這樣做，人們可能會覺得「你在耍什麼帥？」而惹人反感。不過，我強烈建議你可以在家中獨自喝酒，或與家人一起扮演侍酒師的時候這樣喝。無論是燒酒還是清酒，我認為透過這種方法你可以更享受它。

這種像侍酒師一樣的飲酒和飲食方式，與正念領域所推崇的「飲食冥想」（請參考練習二，第一百六十五頁）一模一樣。

透過小心翼翼地享用食物、飲料，在得到滿足的心中萌生感謝之意。當你把酒倒在玻璃杯中，或是打開一罐新酒的時候，只要第一口就好，請嘗試看看。即使是很少的量，應該也能自然而然地感覺到充足吧。**以「正念」飲酒的人，不會依賴酒精**。

還有另一個小技巧，當你手頭比較寬裕的時候，**特意只買一瓶昂貴的酒**也是一種方法。

有很多人，如果是便宜的酒就會毫不吝惜地大口大口喝，但如果是高價的酒，就會慢慢地、珍惜地喝。

你是不是買太多食材了？

所以，「買太多」並不是件好事

最近發生了必須減少外出頻率的情況，所以應該有很多人都不得不趁著能出門購物的時候大量購買、事先囤貨吧。

但實際上必須要注意的是，這種**大量購買的行為，很容易會讓你在不知不覺間買太多**。

當然，在很多超市和藥妝店，如果大量購買的話單價就會比較便宜，要是善加利用，肯定能對節省家庭支出有很大的幫助。其中也有些很受歡迎的連鎖商店，如果在這裡一口氣大量購入像學生宿舍或員工宿舍這樣的群體生活才能用完的量，就可以用接近批發的超划算價格購買。

因此，重要的是要**抓住「什麼是要一次大量購買的，什麼是要用多少就買多少的」這個要點**。

家庭主婦或是自己在家開伙的人，應該都已經注意到了，最容易產生浪費的就是食物，尤其是蔬菜類和熟食類，這些必須要在相對較短時間內吃掉的商品。

相對而言，洗潔精、衛生紙之類的生活用品，即使大量囤貨的話也不會壞掉，而且又是總有一天會用到的必需品，可以說是很適合大量購買、低價取得的商品。

我想建議大家，**先試著縮小範圍，把焦點擺在將生鮮食品和熟食「減半」上**。

那麼，如果這些東西買太多了，會產生什麼樣的問題呢？

①當食材很多的時候，總是會忍不住「吃太多」。

例如，「因為牛肉很便宜，所以買了五百克」，所以即使今天的料理只需要用到四百克，你也可能會想說：「就那一百克，要冷凍的話也很麻煩耶，嗯……還是把它用掉好了。」

在這種情況下，即使只剩下一點點，之後也很難用掉的食物，就很容易會導致吃太多。

相反地，像鹽、胡椒粉這類的調味料，即使只剩下一點點，我想大家應該也不會想要「全部加進去！」吧。

如果是炸雞、天婦羅等，這類數量很明確的熟食，剩下一、兩個的話，還可以再利用，拿來做隔天的早餐或便當吧。

我們最好能夠清楚地辨別，即使在食材中，肉類和蔬菜類也是特別容易變成為了要用完而吃太多的情況。

零食類也必須要注意。

例如，有一天在超市，「因為洋芋片很便宜，所以一口氣買了五包」，平常都是大家一起吃一包，但這時候你很可能就會想；「反正有很多包，所以今天就一個人吃掉一包吧。」如此一來，別說是吃的量要「減少一半」了，根本就是吃了兩、三倍，一不小心就會吃得太多。

大家要知道，大量購買會比較便宜的獨立包裝零食類，很容易就會讓人忍不住想要吃掉一整袋。

②食材沒有吃完，造成浪費。

人類肚子裡的空間是有限的，所以我想每個人應該都有過「我已經很努力地在吃了，但是還是吃不完……」的經驗吧。

又或者很容易會發生，「囤貨」完覺得很安心，結果「忘記吃，就放到壞掉了……」的情況。

然而，現實是這些小事的累積，導致了大量的食品耗損。

③因為保存期限、賞味期限到期而不得不廢棄的食材變多了。

那麼，我們是否應該把注意力都放在那些保存期限比較短、容易腐敗的食材呢？事實似乎並非如此。

為什麼會這麼說呢？這是因為，對於保存期限比較長的食材，我們往往不容易意識到它是必須在期限內吃完的。

剛開始的時候，我們可能還會覺得「保存期限還很久，在那之前吃完就好」，但在不知不覺中，就會把那個食材的存在忘得一乾二淨了。

好不容易因為便宜而大量購買的商品，結果卻因為保存期限到期而不得不丟棄。這樣的話，如果只考慮到吃掉的部分，結果就會變成買貴了、浪費了。

仔細想想，你是不是也常常發生這樣的情況呢？

所以，我還是建議「用多少買多少」

要怎麼做才能避免大量購買、囤貨呢？

就如同我在酒的部分所提到的，我還是覺得應該要**用多少買多少**。也就是**在需要的時候，購買需要的量就好**。

這裡有一個十分有效的方法，那就是善用**「購物筆記」**。你可能會覺得：「欸，竟然是用這麼老派的方法嗎？」的確，這應該會讓人回想起小時候去幫媽媽跑腿的經驗吧。

然而，這種善用筆記，也被應用在各種精神醫學和心理學的治療上。這種方法能根據視覺提供的資訊，巧妙地控制行為，例如：

「出門購物之前，先想好當天大概的菜單，把會用到的食材和數量寫下來。」

「查看超市的傳單，看看有哪些特價商品，將一天份、頂多兩、三天份菜單所需要的食材寫在筆記上。」

只要做好這樣的準備再出門，自然就不太會去留意沒有在筆記上面的食材了。

如果內心沒有明確的目的或目標，走在路上，我們很容易就會對周邊的各種事物產生興趣和好奇心。

但如果是散步或快走的話，因為沒有特定的目的地，所以可以盡情地享受廣闊的景色，這不就是它真正的樂趣嗎？

但是，買東西就不一樣了。如果沒有明確地意識到自己要買哪些東西，在超市裡走來走去的時候，就會想說「這個好便宜，先買起來放好了」，結果買了一堆你根本不需要的東西。像帶著筆記去購物這種最基本的方法，反而可能可以讓這種過度購物的行為減半。

因此，**在出門購物前，最好能確認一下冰箱裡面有什麼東西**。這樣就可以避免「明明家裡還有庫存，卻又買了一堆回家」這樣的錯誤。

而且，如果是「用多少買多少」的話，今天或近日內就絕對會吃掉，所以也不用在意保存期限的問題。事實上，快要過期的東西往往比較可能會打折，如此一來不是更划算了嗎？

我想，現在有很多人因為新冠疫情的影響，想要減少去購物的次數，但即便是好幾天份量的東西，只要是計畫性購物的話，都能和「用多少買多少」有一樣的好處。

少量購買，如果有什麼東西不夠用了，再出去添購就好了。現在大部分的東西都可以在便利商店買到。所以即使沒有囤積大量的庫存，日常生活應該也不會有問題。（但如果是防災用的水、營養口糧、真空包裝的白飯等，就必須要優先儲備。）

希望大家都能試著**導入用多少買多少的規則，將購物量減半**。

早餐要「好好地」吃

今天的「能量」從這裡開始

好好地吃一頓早餐，會對我們的身心產生多方面的正面影響。

根據日本文部科學省（MEXT）的《全國學力、學習狀況調查》顯示，「如果沒有吃早餐，學習能力就會有下降的傾向」。

據說，如果不吃早餐，不僅是兒童，連成年人的思考能力都會下降，從而對工作產生負面影響。

日本發表的一項研究發現，如果一個人早上只喝了水，注意力就會隨著時間的推移而逐漸下降；但**如果吃了營養均衡的早餐，注意力就會迅速提高，然後隨著時間的推移慢慢下降**。

早餐對於調節全身生理機能的自律神經系統十分重要。吃早餐時，「副交感神經系統」會被啟動、消化活動開始。在這種放鬆的狀態下，養分會更容易被吸收。

然而，這並不意味著副交感神經系統就會持續佔據著主導地位，而是促使身心處於活躍狀態的「交感神經系統」作為呼應被接著啟動。

有趣的是，由交感神經和副交感神經所組成的自律神經系統，特性是當其中某一個神經比較活躍的時候，就會啟動另一個神經，試著讓它們恢復到原來的狀態。

這自然地保持了交感神經系統和副交感神經系統之間的平衡。就像佛教一樣，自律神經系統也有「中道精神」。

由於自主神經系統可以不受意識影響地控制和調節血管、內臟、汗腺等，以維持生物功能的平衡，所以吃完早餐後，身心會先處於放鬆狀態，等到達公司的時候，就會變成精力充沛、隨時準備好努力工作的狀態。

「少量」但「確實」地攝取碳水化合物

然而，早餐並不需要吃得太飽。禪宗的僧侶至今仍每天早上吃一種非常稀薄，從表面能清楚看到天花板（實際上，它幾乎就像溫開水一樣）的「天花板粥」，但這是從食物匱乏時代所遺留下來的習慣。

我們仍然沿用古老的做法，將少量的米以熱水增量，每個人都分一點來吃，這種粥其實對腸胃非常地溫和，不僅能提供最低限度的碳水化合物，也能透過熱水來攝取足夠的水分，剛好能在早晨喚醒身體。

因為搭配口味較重的醃蘿蔔一起吃，所以電解質平衡也非常地完美。

日常生活中也許很難做到這一點，但還是建議大家吃一頓清淡的早餐，主要的目的是為了要喚醒沉睡的腸胃。

如果早上吃得太多，胃裡的東西就不容易消化，會讓你整個早上都感到無精打采、昏昏欲睡，進而影響工作。

那麼，我們應該要吃些什麼呢？

簡而言之，**碳水化合物是最好的（尤其是澱粉含量多的食物）。**

實際上，大腦唯一可以利用的能量只有葡萄糖。所有其他的糖類，例如：蔗糖、果糖和寡糖，都無法通過人體的「血腦屏障」，因此無法為大腦提供能量。

相比之下，膳食中以澱粉為主的碳水化合物，會被體內的消化酶（主要是唾液和胃腸消化液）分解和消化，並迅速轉化為葡萄糖。它也是最快到達大腦並用作能量來源的物質。

也就是說，**早餐既不能完全不吃，也不能吃得太多。關鍵是要把握好適當的量，盡可能每天都吃，就像「把少量碳水化合物放進肚子裡」一樣。**

當季食材也可以成為「心靈的養分」

包括先前介紹過的，用餐前念誦《食存五觀》和小冥想，**「用心進食」本身就是種正念飲食法。其效果不僅僅是吃的量可以減半，還能培養出察覺自己身體需要什麼的能力。**

例如，在身體變成脫水狀態之前，你可能會喝運動飲料來補充水分和鹽分，又或者是在陷入蔬菜缺乏症之前意識到身體莫名其妙地想吃蔬菜，而多點了一份沙拉。

每天以這種方式正念生活，就能培養出快速捕捉身體信號的能力，並在需要的時候、按需要的量補充維持健康所需的物質。

如果能夠對身體的需求變得更加敏感的話，許多容易暴飲暴食的人應該就能夠輕鬆地將進食的量減半。

還有另一個希望大家知道的是，除了身體需要的營養之外，還有一種叫做**心靈渴望的養分**。

最具代表性的食物當然就是**當季的食材**了。現在一年四季都能吃到的食物越來越多了，但當季的食材，其味道還是與眾不同的。

即使是相同的食物，如果吃的是當季的食材，你會覺得自己直接得到了大自然的恩賜，而心存感激。我想你應該能感受到我現在正在接受大自然在這個季節賜予給這片土地的生命這樣的緣分。

除此之外，你還可以通過食物感受四季。

換句話說，**當季的食材會變成心靈的養分**。

不一定要吃完盤子裡的所有東西，所以我建議大家可以用**加入一半當季**

食材的心態來享受料理和食物。

透過飲食習慣，不僅可以改善身體健康，還可以改善心理健康。

要小心「過度節食」

不管做什麼，「平衡」都很重要

食物是身心健康的營養來源。

然而，有些飲食方法可能會對健康造成顯著的傷害。

到目前為止，我一直告訴你，吃太多並不好，如果你有暴飲暴食的傾向，就應該試著「減半」。

但另一方面，我們必須要了解吃太少也不好。**過度節食**將會帶來巨大的風險。

最大的問題，當然是身體會陷入營養不良的狀態。這種情況在為了美容而節食的人之中尤其常見。

例如，**有些人極度缺乏脂肪**。

一問之下，他們堅信「吃高油、高脂的食物會讓他們變胖」，或者「過多的脂肪會導致動脈硬化、引發心肌梗塞或中風等嚴重疾病」。

的確，這些身體風險被認為與攝取「過多」的脂肪有關，但脂肪也是一種可以成為能量來源的重要營養素。

脂肪是在體內發揮重要作用的各種荷爾蒙（包括女性荷爾蒙雌激素）的原料，也是細胞膜的組成部分。脂肪還具有促進維生素A等脂溶性維生素吸收的作用。

脂肪在人體內執行許多重要的任務，所以它們被認為是與蛋白質和碳水化合物並列的「三大營養素」。

事實上，大家都知道，缺乏脂肪會使血管更容易破裂，增加腦出血的風險。**而最好的辦法就是「走中道路線」，脂肪的攝取要均衡，既不能太多，也不能太少。**

將碳水化合物限制在「一半」

同樣地，我們也要當心，別過於極端地限制碳水化合物。雖然限制碳水化合物的攝入已經成為一種時尚，但太過頭也未必是件好事。

對於糖尿病患者來說，出於治療目的，在某些情況下可能需要暫時性地嚴格限制碳水化合物的攝入，以改善血糖控制。

然而，如果你是為了打造健康的身體而限制碳水化合物的攝入，那就不要太過頭。只要知道「適度」就好了。

如果你意識到自己過去吃了太多的碳水化合物，首先應該以「減半」為目標。例如，將每餐的飯（白米）量減半。麵包的量減半。又或者，如果你習慣三餐都攝取大量的碳水化合物，那麼可以試著在早上吃和現在一樣多的碳水化合物，中午吃大概一半，晚上則儘量少吃。

如果你過分抑制碳水化合物的攝入，很可能會導致大腦能量不足。因為就像我在前面提到的，葡萄糖是腦細胞唯一可以使用的能量來源。

當然，其他的營養素，例如蛋白質和脂肪，如果被分解過後也可以作為能量的來源，但它們不能像碳水化合物一樣快速地被用作能量，而且，如果蛋白質被分解了，肌肉量也會迅速地流失。

「低糖飲料」反而會讓人變胖

另一點需要注意的是，**不要因為想減少碳水化合物的攝入，就大口大口地喝「低糖」飲料。**

當產品被標示為「低糖」的時候，的確是會讓人感到安心，但我們必須要小心的是那些用來代替糖類的成分。

無論再如何強調無糖，如果真的完全沒有甜味的話，對於那些想喝果汁等甜飲料的人來說沒有任何意義。

因此，各式各樣的人工甜味劑（如安賽蜜、蔗糖素、木糖醇等）以及那些不會被人體當作糖類吸收的東西，會被使用來代替糖類產生甜味。

它們作為砂糖等糖類的「短期替代品」可能是有效的。然而，如果你繼續習慣性地食用的話，它們反而可能會刺激你的食慾中樞。

近年來已有各種不同的論述機制，解釋為何會出現這種情況。其中一種機制是「即使甜味的刺激傳遞到了大腦，但血糖值卻沒有上升」，這樣的矛盾會造成大腦的功能受到干擾；另一個機制是，當腸道偵測到甜味時，會分泌一種叫做腸泌素的荷爾蒙，來刺激胰臟分泌胰島素，使血糖值降低，進而引起對更多對糖類的渴望等。

也就是說，**「低糖」飲料雖然減少了卡路里的攝取量，但卻有可能會刺激食欲，導致吃太多其他食物。**

希望大家都能知道，在不考慮營養均衡的情況下過度節食有多麼地危險。

提高對於「食物耗損」的認知

日本人正是造成「食物耗損」增加的罪魁禍首？

讓我們稍微換個角度，思考一下目前在全世界都日趨嚴重的**「食物耗損問題」**。

具體來說，這包括了超市和便利商店所丟棄的未售出商品、餐廳和家庭的剩菜剩飯，以及無法販售的不合格產品。

簡單來說，有大量的食物在仍可以食用的情況下被丟棄了。

根據聯合國糧食及農業組織（FAO）的報告指出，每年約有十三億噸的糧食（也就是世界糧食產量的三分之一）被廢棄。

世界上大約有九分之一的人仍遭受著飢餓之苦，但與此同時，大部分國家尤其是已開發國家，卻丟棄了大量的食物。我們必須要以某種方式來糾正這樣的糧食失衡現象。

此外，要處理大量的廢棄食物，不但需要龐大的資源和成本，而且透過焚燒或掩埋的方式處理，也會導致環境汙染，這些問題也日益嚴重。因此，食物耗損被認為是全世界都必須積極地去解決的一大課題。

即便如此，還是令人很難相信，滋養人類生命的重要食物竟然變成了「垃圾」……。如果從當今受到全世界矚目的日本「Mottainai 精神」來看，不得不說，這真的是報應啊！

事實上，我們日本人才是造成食物耗損增加的罪魁禍首，根據日本農林水產省（MAFF）的一項調查顯示，每年約有六百一十二萬噸的糧食被丟棄。

日本人每年的人均食物浪費量在世界上排名第六，在亞洲排名第一。

我認為，日本作為充滿惜物之心的「Mottainai精神」發源地，必須想辦法以某種方式來改善這種已經成為全世界詬病的狀況。

聚焦「碳足跡」

禪宗的飲食禮儀之一就是**細細地品嚐每一粒米、每一顆鹽**。這也是日本人自古以來不分信仰傳承下來的一種精神。

「Mottainai（もったいない）」一詞的起源可以追溯至佛教思想，用漢字來寫的話就是「勿體無」，這個「勿體」，原本指的是「物體」這個詞，意思是「事物原本應該有的樣子」和「事物的本質」，而它「無」。

「勿體無」這個詞，傳達了佛教的教義「世間一切的事物，既非憑空而有，也不能單獨存在，必須依靠種種因緣條件和合才能現起和存在」，亦即「緣起論」。

記住「Mottainai」這個詞，我們就能知道，每一粒米、每一顆鹽都在維繫著我們的生命。

你知道目前備受全球重視的「碳足跡」概念嗎？

這是一種作為改善空氣汙染指標的觀點，將生產某個產品時，其在製造、運輸、到達商店貨架的過程中所排放的（二氧化碳）量以數字表示，並將這些訊息製作成貼紙貼在產品上，使其廣泛傳播的對策。

除了運行製造機器所需的電力外，它還計算牛、豬和其他動物放屁和打嗝時所排放的甲烷氣體。

購物時，要仔細查看這個碳足跡數字，就像注意保存、賞味期限一樣。我想這似乎就是未來的消費者行為需求吧。

儘管可能很難詳細計算出準確的數字，但我認為重要的是要記住，透過每次留意產品上顯示的數字，我們正在努力盡可能地減少溫室氣體排放。

毫無疑問地，溫室效應正在導致全球暖化、海平面上升，以及每年襲擊日本全國的颱風、暴雨和洪水等自然災害。

當我們思考人類應該要如何繼續將自身的繁榮和文明發展放在首位的時候，或許我們就應該意識到，這在某種程度上是我們人類造成的一場災難。

正因為如此，我希望大家都能夠透過禪宗和正念的智慧，去學習如何過一種在地球和大自然的支持下生存著，珍惜「緣起」的生活方式。

練習2

透過「飲食冥想」輕鬆節食

在本文裡介紹的緩慢而仔細地吃飯，也可以算是一種冥想法。為了讓大家能以更容易理解的形式體驗，我想介紹一下國外正念課程中經常採用、利用葡萄乾來進行的「飲食冥想」。

①以舒適的姿勢坐在椅子上。

②拿起一顆葡萄乾，仔細觀察它的外觀。

③在觀察和感受形狀、顏色、香味和質地的同時，想像一下「如果把它

放進嘴裡，會是什麼味道」。你也會感受到嘴巴裡正在分泌唾液。

④將葡萄乾輕輕貼在嘴唇上，感受一下，然後慢慢地放入口中。這時可以閉上眼睛，讓感受更清晰。

⑤將葡萄乾在口中滾動，感受其硬度、形狀和味道。

⑥慢慢咀嚼葡萄乾，充分品嚐它的味道。

⑦反覆咀嚼，然後慢慢咽下。你甚至可以感覺到咀嚼過的葡萄乾順著喉嚨進入胃部。

我想我從來沒有如此仔細地品嚐過一顆葡萄乾。我在自己的課堂上也會讓參與者體驗，課後經常能聽到這樣的感想：「這是我第一次這樣這樣去感受葡萄乾的觸感和味道。」

其中有些人說他們「開始在吃東西之前，進行這種吃葡萄乾冥想」，因為這樣做可以讓食物感覺更好吃。

不一定要用葡萄乾，你可以選擇任何一種食材來進行這個飲食冥想，我看過很多以前飯量很大的人，進行這個冥想法之後，現在可以只吃平常飯量的一半左右，就讓胃和心都得到充分的滿足。

國外也有數據報告顯示，它「能有效改善肥胖者和糖尿病患者的血糖值」。它不僅是保持健康的理想選擇，而且也很適合減肥美容。如果可以不費吹灰之力、美麗地減肥，是不是一件很令人開心的事情呢？

第3章

將「消費」減少一半

要正視這種「浪費」

製造的責任、使用的責任

自一九六〇年代以來，日本一直處於「大量生產、大量消費」的時代。起初，它被視為富裕的象徵，但現在情況已不再如此。

透過「大量製造、大量使用」，我們製造出許多給環境帶來嚴重負擔的垃圾。地球本身已經無法承受這種情況了。

近年來，你是否經常聽到由四個英文字母組成的「SDGs」這個詞？「SDGs」是「Sustainable Development Goals（永續發展目標）」的縮寫。於二〇一五年在聯合國大會上獲得通過，是全世界為實現更美好世界而共同追求的目標。

近年來，你可能會在日本的廣告和新聞中更頻繁地看到它。

但實際上，它還沒有達到讓大多數人都了解其內容的程度。當我詢問日常接觸的人時，很多人都說：「是為了要解決環境問題，對嗎？」但他們並不知道具體的目標是什麼。

為了幫助我們做出日常選擇，採取保護環境的實際行動，正確地理解這個詞非常重要。

「SDGs」所包含的目標大致分為十七項，例如：

- 消除各地一切形式的貧窮
- 實現性別平等
- 確保所有人都能享有乾淨的能源
- 製造的責任、使用的責任

‧應對氣候變遷的具體對策

它由十七個目標和一百六十九個更具體的指標組成。包括日本在內的一百九十三個聯合國會員國承諾積極解決這些問題，並期望在二〇三〇年前實現目標。

其中，我想在本書中特別探討的，正是**製造與使用的責任**這個問題。

正在「出口」垃圾的日本

你知道日本現在正在「出口垃圾」嗎？

這裡的「垃圾」是指我們平常隨手丟掉的塑膠垃圾。

在日本，社區內對塑膠垃圾進行分類已經是司空見慣的事情，透過分類也確實可以實現塑膠垃圾回收再利用。

根據聯合國最近的公告，日本的垃圾分類、回收系統被譽為世界上最徹底的國家之一。

然而，問題是「在那之後」。日本的塑膠回收率超過百分之八十，即使以世界標準來看也是相當高的。

那麼，日本實際上是如何回收塑膠的呢？

一般來說，提到回收，我們可能會聯想到是將使用過的塑膠再次加工，並將其以不同形式的塑膠產品重新利用。

但實際上，只有極少數的塑膠垃圾是使用這種方法被重新利用，其中大部分都被當作能源使用了。

換句話說，分類出來的塑膠垃圾被燃燒並用來發電。

這種回收方法的專有名詞是「熱回收」，乍看之下似乎是一種非常有益的利用方式，但其實存在著隱憂。那就是燃燒塑膠會排放溫室氣體。

畢竟，塑膠最初是由石油製成的，因此燃燒時所產生的溫室氣體，與使用石油進行火力發電時所產生的溫室氣體相同，這是很自然的。「熱回收」這個詞在國外並不常用，似乎是因為「燃燒不能稱為回收」。

考慮到這一點，日本的高塑膠重複利用率，頂多是基於日本的回收統計所得到的數據，與實現真正的「SDGs」相去甚遠。

更具體地說，日本所製造出來的塑膠垃圾，並不只有在日本國內回收再利用。在國內回收塑膠既麻煩又費錢，而日本無力承擔回收過程中所涉及的勞動成本。

這不僅限於塑膠。這就是為什麼我們每年向勞動成本較低的海外國家出口一百五十萬噸的垃圾。

日本街頭給人很乾淨的印象，但實際上卻把塑膠垃圾的處理推給了其他國家。得知這個事實後，我不禁百感交集。

「感謝的心」會帶來意識上的改變

大家都知道，順應全球趨勢，日本目前正在加速推廣收費或禁止使用塑膠購物袋、禁止在公共設施中銷售寶特瓶、禁止使用塑膠吸管或用紙質、天然材料替代等措施。

然而，從全球的角度來看，人們似乎強烈地認為，我們日本人對自己在環境破壞中所起的作用認識不足，並且忽視了對環境保護的關心和努力。

在二〇一九年舉行的「聯合國氣候變遷大會（COP）」上，日本獲得了「化石獎」（一個頒發給對氣候變遷消極以對的國家的不光采獎項），也說明了這一點。

針對這一現狀，包括環境省在內的政府機構正在加強透過對塑膠產品的全面規範和收取費用，來提高人們的環保意識。

為了要擁有保護地球環境的意識，有件事情是不能忘記的。

那就是**「擁有一顆感恩的心」**。

這是因為，如果我們懷著一顆感恩地球和大自然的心生活，就能夠放棄破壞環境的行為。

這是一件非常簡單的事情，你可能還會覺得「什麼嘛！原來只要這樣就好喔！」

然而，在實際生活中，要每天都對地球環境心存感激並不容易。那我們何不試著這麼想呢？

從心理學的角度來看，「感恩」並不是只能針對特定對象所產生的感覺。只要我們每天在心中對身邊的人或過去幫助過我們的恩人表達感激之情，這些情感最終都會延伸到地球上的所有人事物上。

所以我是這麼希望的。

「請每天向你身邊重要的人表達感激之情。」

「如果覺得很難說出口，那就請記在心裡。」

我相信，重複這個過程，最終會在我們心中培養出保護環境、保護地球的想法。

抑制「衝動購物的慾望」

立刻按下購物鍵的人

當你遇到某樣東西那一刻，是不是有時候會感到一陣興奮，心想「啊，我好想要這個喔」呢？即使那不是你一直在找的東西，但當你遇到與自身感性不謀而合的東西，心情也會變得很好。

但，這恰好是衝動購買最容易發生的時候。

如果是在商店購物，在實際購買之前還需要執行幾個步驟。

如果是衣服，你可以先試穿之後再考慮要不要購買；或在店裡逛逛，看看還有沒有其他吸引你的東西；又或者在去收銀台之前，先做個緩衝，讓頭腦冷靜一下。

然而，我們已經非常熟悉的網路購物，卻已經幾乎不存在這樣的緩衝時間了。

你會激動地覺得「這個不錯」，然後「噠」的一聲，興高采烈地按下加入購物車的按鍵，再立刻用信用卡結帳……。經過這樣的流程，購物體驗就在轉眼間結束了。

而且，如果你在晚上下班後喝了點酒，這種感覺就會變得更加地強烈，看到什麼都會覺得「這很棒耶，買了」，陷入瘋狂購物的風險會變得更大。

然而，這種「網路衝動購物」往往令人後悔。即使二、三天後商品裝在紙箱中送到你家門口，你可能連購買時的記憶都模糊不清，甚至第一反應可能是：「咦，我買了什麼東西嗎？」

然後，當你打開紙箱時，終於想起來前幾天喝醉的時候在網路上買了些東西。我想你房間裡面可能堆了很多用這種方式買來的東西，而且還放在那裡沒人用。

在這之中，我也經常會看到有些人對買東西感到十分滿足，但包裝盒卻連拆都沒拆，就這樣堆放在那。

黃金法則是「放置一晚」

為了避免這種情況，**無論你的購買慾望有多強烈，網路購物的商品，請務必先讓它放置一晚之後再下單。**試著在沒有喝酒的狀態下或從疲勞中恢復後再重新評估，這樣通常可以避免你進行不必要的網路購物。

把「明天再重新考慮一下」當作我的規則。

如此一來，你可能有超過一半的機率會想「為什麼我這麼想要它呢？我又沒有很迫切地需要它，還好我沒有買」。

據我所知，有很多患者實際上已經能夠使用這種方法來減少浪費，並告訴我說他們「對自己有了信心」。

有很多人會因為無法控制自己浪費的行為而缺乏「自我肯定感」。如果在經過一個晚上或幾天之後，「想要」的感覺依然堅定、沒有減弱，那麼你應該就比較不會後悔購買它。這是因為你是自己下定決心要購買它，並認為「這是我真正需要的東西」。

網路購物時需要注意的另一件事是，它始終存在著無法實際觸摸到商品的風險，所以常常會出現「顏色、尺寸、材質、設計等和我想像的不一樣」的情況。

當然，在大多數情況下，你可以很輕易地退、換貨，但這種便利性也是一個問題。許多人在購買產品時沒有仔細檢查，因為他們認為「反正如果我不喜歡，就退、換貨就好了」。

避免購買不需要的東西固然是件好事，但如果需要頻繁地退、換貨，運費就會給錢包帶來負擔。

而且，一旦物品實際送到你家，即使你不喜歡那件衣服的設計，有時候「退貨也好麻煩」的感覺也會凌駕其上。

最終，你會把它掛在衣櫃裡，並為自己不退貨的行為編造「說不定有一天我的品味會改變」的藉口。如此一來，你實際上從未使用過的「衣櫃庫存」就會越來越多。

此外，網路上也有許多網站可以讓你比較價格。

這雖然很方便，但也經常會失敗。

當我在網上終於買到一件心儀已久的好產品時，卻發現另一家製造商正在以大約一半的價格出售類似的產品，於是我想都沒想就買了。但當我真正收到產品時，卻發現這是一款廉價的劣質產品。

我經常聽到這樣的經歷。

無論是在現實生活中還是在網路上，所有的購物黃金法則都是避免衝動購物，讓它放置一晚。要不要像這樣試著制定一個自己的規則呢？

為了要做出是否購買的正確決定，冷靜下來並給自己一些思考時間是很重要的。

喜歡的東西，用久一點

你是不是對用完就丟習以為常？

從前面提到的「SDGs」來看，現在是我們必須要摒棄「用完就丟文化」的時候了。

曾幾何時，在人們還不那麼重視環境問題的時候，「鞋跟磨損掉了就扔掉，不用修理」、「衣服很快就會過時，所以穿一年可以就扔掉了」、「洗餐具很麻煩，所以使用免洗餐具」等，都被認為是一種聰明的生活方式。常常可以聽到「買一件好衣服，不如買很多件便宜的衣服。反正髒了就扔掉，一點也不會覺得可惜。而且這樣感覺一直都在穿新衣服，心情也會很好」。

另一方面，也不乏這樣的狀況，人們買了很多自己不需要的東西，卻因為太浪費而舍不得丟掉，也無法清理，最後讓家裡變成了垃圾場。

雖然風格不同，但在「倒垃圾」這一點上卻是一致的。這個時候，「減少一半」顯得格外重要。

那麼，讓我們來思考一下，今後的時代，我們應該要如何處理這些問題。

買「稍微貴一點的好東西」有什麼效果？

要避免無意中購買不必要的東西來增加垃圾，其中一種方法就是購買昂貴的東西。

我們之所以覺得東西可以用完就丟，有很大的一個原因是因為它們很便宜。例如，如果你買的是一件十日圓的內褲，就算每天都穿完就丟，每個月也只需要花費三百日圓。所以你可能會覺得就算丟掉也無所謂。

但如果你買的是每件售價一千日圓的呢？

如此一來，每個月就要花三萬日圓，所以不能用完就丟。應該會仔細地清洗並小心地使用吧。

或者，就西裝而言，如果你是在打折時以「三套多少錢」的低價買到的，即使沾上食物殘渣或濺到泥巴，應該也不會太在意吧。就是「如果有點舊了，扔掉就好了」這樣的心理在作祟，所以脫下來就亂丟，也不會認真地去對待它。

但如果是一套十萬日圓以上的西裝，又如何呢？

每個人的經濟意識都不同，但如果我花十萬日圓買了一套西裝，我應該會慎選穿著的場合，吃飯的時候也會用餐巾蓋住，小心翼翼地避免弄髒。

此外，還會精心保養，例如將它們掛在衣架上或使用燙褲機，以防止它們變形。

每個人都有這種「便宜的東西隨便用，貴的東西小心用」的感覺，我想這就是物品的宿命吧。

我們要利用這種心理。

要不要試著在你經濟許可的範圍之內**買一些昂貴的東西**呢？

當然，並不是所有昂貴的東西都是好的，但價格合理的東西，通常質量都很好。另外，如果你可以小心地對待它，它的使用壽命會更長。而且絕對可以減少浪費。

在這種情況下，**最好是買價格大概是你平常購買的廉價商品二倍的商品。**每個月的收入都是一樣的，所以如果你買的東西，價格是平常的二倍，那麼你買的數量將會是平常的一半左右。

這不就意味著你可以將自己的物品減半，並將未來的垃圾減半嗎？

尤其是在服裝方面，人們應該有「買貴一點的東西，並且小心翼翼地長期使用」的意識。

我想建議將此作為未來消費者行為的軸心。

不是「丟掉」，而是「放手」

東西的價值決定於此

如前一項所述，我們往往會認為「便宜的東西＝不重要的東西」，但事實不一定如此。

有些東西可能很便宜，但你卻非常喜歡，並小心翼翼地使用它們。尤其是衣服、飾品和小物件等時尚物品，重要的是它們符合你的體型，穿衣的時間、地點、場合和個人品味。

如果只穿價格昂貴的衣服，反而會讓你看起來像一個時尚感很差的人。

事實上，比起吹噓說「這件衣服來自當前流行的〇〇品牌，價格要〇〇元」的人，我覺得會說「這件衣服雖然很便宜，但很實用、簡潔、適合我的體型，而且我真的很喜歡這個顏色」，並精心搭配、穿著這些衣服的人，看起來會更有吸引力。

換句話說，我相信一樣東西的價值取決於你是如何小心地使用它，而不是取決於你花了多少錢買它。

如果**你有這樣的愛惜物品精神，那麼你的購物花費，以及最終作為未來垃圾丟棄的東西數量應該很快地就會減半。**

順道一提，我們禪宗僧侶平常都只穿「作務衣」。

一件做工精良的衣服大約需要兩萬日圓，對於工作服來說並不是那麼地便宜。

但如果保養得好，經過仔細、認真和反覆清洗後，可以使用五年或十年。

在我寫這篇文章的時候，我身上穿的這套作務衣是我已故的父親（前任住持）在修行時穿的。

我父親大約是一九七五年左右在建長寺的寺院裡修行，所以這個作務衣已經是名「四十歲的選手」了。它的價格換算起來約為每月四十日圓，是件便宜、好穿又耐用的好商品。

如果是葬禮上穿的法衣，黑色的法衣最少也要十萬日圓左右，如果是更高規格的彩色法衣則要二十萬到三十萬日圓，外面穿的袈裟，價格也從十萬日圓到比較貴一點的要好幾百萬日圓不等，但它們對於僧侶都是可以使用一輩子的東西。僧侶們並不會一直購買新袈裟。

無論價格如何，珍惜、清潔和長期佩戴，是我們禪宗僧侶的座右銘，也可以說是我們熟悉的「SDGs」的實踐。

也有「出售」這個選項

對於沒有用過但又覺得扔掉很可惜的東西，也可以選擇「出售」。現在，Mercari、Rakuma、Jimoty 等二手交易應用程式已經非常發達，可以毫不誇張地說「沒有什麼是賣不出去的」。所以希望大家知道還有**出售不需要的東西，而不是扔掉它們**的選項。

讓難得買來的東西最終成為垃圾堆的一部分是很可惜的，而且沒有用過就丟掉，還會對環境造成負擔。可以試著**出售、贈送，或好好地放手**。

一位在我工作的診所接受憂鬱症治療的患者，很高興地跟我說：「我在二手交易應用程式上賣掉了不需要的東西，獲得了四萬日圓的額外收入，而且東西變少了，房間也更乾淨了。我的心情因此而煥然一新，感覺自己收穫了很多！」

「我自己打掃了房間，而且有了閒錢」，這種感覺提高了他的自我肯定

感，之後也逐漸養成了積極思考的習慣。

如果你最近感覺情緒有些低落，或者有很多消極的想法，可以試試看這個方法。

「不用做的事情」日記法

不浪費的我，真棒！

本書從各種角度介紹了「減少一半」的方法，但我認為將購物等「消費」減半可能是最難做到的事情。

在本書中，我們的目標是盡可能以自然的方式，帶大家朝著「不知不覺中，減少一半」的方向前進，但在消費方面可能會讓許多人感到相當有難度。

這是因為，減少消費不可避免地會伴隨一種「忍耐」感，所以很難保持動力。

要解決這個問題的話，**借用語言的力量**是非常有效的。其中，最具支持性的話是稱讚、鼓勵自己的話。

稱讚自己的重點並不是「沒有買東西」，而是「沒有因為買了不需要的東西，而造成浪費」。

如果你用了前者作為「稱讚的重點」，那就會變成「購物＝壞事」。如果這種觀念在你的腦海中根深蒂固，那麼即使你買了真正需要的東西，也可能會產生罪惡感。

而且，對於「不能買東西」這件事的欲求不滿也無法消除。你會認為「忍住不買東西的我雖然很棒，但是壓力很大」，所以最終不得不在其他地方緩解這種衝動。

結果，你的情緒會變得陰鬱，自我肯定感也會降低。

另一方面，如果可以有意識地把「不浪費」作為稱讚點，那麼「不產生垃圾」就會被視為好事。

你為自己和世界都做了一件好事。如此一來，你就不必感受到罪惡感。如果你覺得自己「我為減少浪費做出了微小的貢獻」，就可以培養一種自我肯定感。

與其安慰忍耐的自己，不如稱讚自己做了一些對社會有貢獻的事情，這無疑會成為「不買不需要的東西、不要浪費」的推動力。

今天，我什麼都沒有買

要真正認可你自己的努力，不僅可以在心裡誇獎「你做得很好呢」，還可以嘗試採取更積極主動的方式。

我會建議你寫一本**不用做的事情日記**。

一般的日記主要是為了寫下「做過的事情」並記錄下來的工具。但記錄你「沒有做的事情」，感覺就像是因為無法採取行動而否定自己，所以你應該不常這樣做。

然而，為了實現本書主題「減少一半」而採取的大多數行動，都是一些你不用做的事情。

不用吃太多，不用買太多，不用加太多班……我想這些全部都能透過放棄多餘的東西來實現。

換句話說，**累積不用做的事情，無非是一條「減少一半」，讓身心都能輕鬆生活的堅定道路。**

而且，特地將「沒有做的事情」記錄下來，可以更進一步地增強這個效果，我希望你可以體驗看看。

例如，關於本章的主題消費，我會這樣記錄。

【今天，我沒買的東西】

我去百貨公司買冬天的毛衣。雖然可愛的裙子和外套也很讓我動心，但因為我想整理我的衣櫃，所以今天就先不買了。很高興我沒有增加我的「衣櫃庫存」。

有人建議我去超市大量購買，因為買五個會比較便宜，但我不知道是否能全部用完，所以我就只買了我現在需要的二個。我很慶幸我沒有被沖昏頭。

我以前每年都固定會去我喜歡的商店大拍賣二次，但是今年不去了。停下來才發現，我過去總是因為大拍賣的東西很便宜，所以覺得不買些什麼的話很可惜，結果買了太多東西，浪費了很多錢。

推薦給有愛情煩惱的人

你覺得如何呢？透過刻意記錄，你就會發現每一件你不用做的事情都會變成有益的事情。

這本「不用做的事情日記」，不僅涉及以購物為中心的消費者行為，還

涉及其他各種行為和心理現象，例如喝太多、吃太多、玩太多遊戲、太在意別人的想法等。

例如，如果你是個常常不自覺地大量購買酒精飲料並且喝太多的人，你可能偶爾也會只想購買當天需要的量回家，記錄下當天晚上是什麼樣子。

「今天下班的路上，我只買了一罐五百毫升的啤酒回家，就沒有繼續再喝了，我太厲害了！」

使用這種方法，一些患者能夠自然地將酒精攝取量減少一半左右。

如果你是一個吃太多的人，你可能會這樣記錄：「我將平常會吃的二大碗飯，減少成二小碗並且細嚼慢嚥。這樣一來，儘管我吃的比較少，但仍然覺得很滿足。我很高興我沒有吃太多。」

如果這種方法能讓你不費吹灰之力地就將食量減半，而且以健康的方式減肥，那麼你就很可能就不會出現過度節食的人容易出現的復胖現象。

這個方法也推薦給那些有愛情煩惱的人。你一遍又一遍地查看手機……，期待著前男友或前女友已經不可能給你發的訊息。

很多人都可能都有這樣的經歷。正是為了讓那些整天為了手機訊息而煩惱、耗盡心力的人，我才向他們推薦這個方法。作法非常的簡單。

記錄下「我今天也沒有查看訊息，幹得好！」這樣就可以了。

雖然很想查看訊息，但又不能看，光忍耐就很辛苦了。因此，你可以把自己「沒有」查看訊息這件事本身，用稱讚自己的話記錄下來。

每當你這樣做的時候，就會一點一點地培養出一顆肯定自己存在的心。當你在這個過程中學會接受自己的時候，最終就能放下對那個你見不到的人的依賴。然後在不知不覺中，查看每個訊息的想法就會消失。

第4章

將「資訊」減少一半

將使用智慧型手機的時間減半

看到三十年前的澀谷照片所感覺到的不協調感

最近，我在一個攝影師的網站上看到了一張一九九〇年左右，在澀谷站八公像前拍攝的照片。當時的場景很熱鬧，很多年輕人約在那裡碰面、聊天，就像現在一樣，但我看到後卻覺得有點不協調感。

於是，在去NHK錄廣播節目的路上，我順便去了八公像前，我清楚地知道了那種不協調感的理由。在那裡的人們，「臉的角度」完全不同。

現在的八公像前，每個人都低頭看著自己的智慧型手機。然而一九九〇年，在八公像前，每個人都目視前方。即使有幾個人低著頭，也是在看書或雜誌，而不是使用智慧型手機。

我們可以看到，短短三十年的時間，我們人類的「姿勢」已經被嚴重地扭曲了。

同時，隨著智慧型手機和其他行動裝置的普及，世界上的資訊量呈現爆炸性地成長。我們無時無刻都活在資訊的漩渦中。對大多數人來說，搭車時看智慧型手機來打發時間已經是司空見慣的事情。

過度使用智慧型手機會導致「麻木」

應該有很多人會在智慧型手機上玩遊戲，遊戲也讓我們的大腦充滿了大量的資訊。

不僅僅是遊戲，無論你是在智慧型手機上觀看新聞或 YouTube、在網站上查東西還是使用社群網路，都沒有區別，因為這些都是不斷地在獲取資訊。

在路上，可以邊走邊使用智慧型手機、在等紅綠燈的時候使用智慧型手機。在咖啡館、餐廳、居酒屋等，吃吃喝喝的時候使用智慧型手機。

在公司，可以在工作空檔使用智慧型手機、休息時間使用智慧型手機。在家裡，你可以在客廳邊看電視邊使用智慧型手機、在廁所邊方便邊使用智慧型手機、在浴室裡邊泡澡邊使用智慧型手機，或者躺在床上時使用智慧型手機……。

最令我感到驚訝的是，當我在拉麵店看到一個人，從進店開始、點餐、吃飯、到離開店的那一刻，他都一直在用智慧型手機玩遊戲。

然而，當我環顧店內，我發現有過半數的人也一樣，正邊吃著拉麵邊看著智慧型手機。

我當時心想：「這樣，我可能都不覺得自己有吃了一碗美味的拉麵……。」

他們可能會患上「味覺麻痺（味覺遲鈍到麻痺的程度）」，並追求越來越重的口味和辛辣的味道。這也會讓人更難有飽腹感，因此會越吃越多。

首先，先戒掉「睡前使用手機」的習慣

在這種情況下，你的腦和眼睛都沒有時間休息。出現資訊疲勞也就不足為奇了。

無論你能獲得多麼大量的資訊，如果你的身心疲憊不堪，你就無法做好工作。

無論你多麼頻繁地查看社群網路，它都不會改善你的實際關係。說起來，這樣獲得的資訊，真的是充實工作和私人生活所必需的東西嗎？

為了我們的身體、心靈，甚至我們的人際關係，是時候認真思考我們應該如何使用智慧手機了。

瑞典精神病學家，安德斯・韓森（Anders Hansen）博士，是暢銷書《拯

救手機腦：每天五分鐘，終結數位焦慮，找回快樂與專注力》的作者，根據他的說法：

「每天的螢幕時間（使用時間）超過兩小時，就會有增加罹患憂鬱症的風險。而現代人每天盯著屏幕的時間平均達到四小時。」

由此可見，將使用智慧型手機的時間「減少一半」是恰到好處的。我認為**最好能將時間減少到兩個小時以內，如果可以的話，最好能減少到一小時左右**。

智慧型手機已經成為現今包括工作在內的生活必需品，因此說「完全不使用」是不切實際的。從「一直看」轉變為「根本不看」太過極端，可能會導致你的生活變得不平衡。這裡重要的是「中道精神」。

我經常對那些似乎嚴重沉迷於智慧型手機、被淹沒在資訊洪流中，變得難以生存的患者說的一句話是：

「首先，至少試著在晚上睡覺前停止看智慧型手機。你的睡眠品質將會有顯著地改善。」

晚上、睡前是你相對比較可以遠離智慧型手機的時間，所以成功實踐的可能性相當大，失眠的情況有望明顯改善。

對於患有身心失調症狀的人也是如此。如果你意識到自己的智慧型手機使用時間太長，請先試著停止在睡前使用智慧型手機。我相信這將成為改善的開端。

然而，如果僅僅只是想著「睡前盡量不看智慧型手機」並不能起到很好的效果。因為床頭櫃上的智慧型手機會讓你分心，然後無意識地在睡夢中伸手去拿它。

睡前不看智慧型手機的最大祕訣，就是和智慧型手機保持物理上的距離。換句話說，**不要將智慧型手機放在枕頭旁邊。**

雖然很簡單，但這樣就夠了。

還有另一種方法是將其放在另一個房間，但如果突然有緊急電話或地震警報等鈴聲，你聽不到的話可能會覺得不安。

因此，我建議你可以**在臥室裡，從床上或被窩裡絕對碰不到的架子或桌子上，開闢一個智慧型手機專區。**

應該有很多人會在晚上睡覺的時候為智慧型手機充電。因此，你可以將充電器或充電座放在臥室裡，從床上碰不到的地方。最近，一種無需插入電源也可以充電，名為無線充電盤、充電座的商品開始普及（根據手機型號的不同，也有可能無法使用）。

不妨對這些物品的擺放位置做一些調整。實際上，我曾在診所向一位懷疑自己有睡眠障礙的病人推薦過這種方法，因為他早上很難自己起床，上班經常遲到，幾週後，他不需要服用任何的安眠藥就能每天按時上班了。

智慧型手機的「斷捨離計畫」

我在停止睡前使用智慧型手機後，健康狀況也得到了改善。這本身就是一個不可否認的成功經驗。

這將為你進一步減少智慧型手機使用時間提供動力。接下來，下一步是試著做出行為改變，目標是「減少一半」。

在這個階段，iPhone的「螢幕時間」功能和Android的「數位健康（Digital Wellbeing）」功能非常地好用。

下面，我將以我也在使用的iPhone來說明，這個功能被設計在「設定」畫面中。

它不僅會顯示你每天使用智慧型手機的時間，還會記錄諸如每週的平均使用時間、與前一週相比增加或減少了多少時間，以及你經常使用哪些應用程式等。

當人類試圖改變自己的行為時，首先要做的就是「認識自己」。客觀地分析和了解你目前是如何與智慧型手機互動的。如此一來，我們才能開始改變自己的行為。

當你實際嘗試減少使用時間時，智慧型手機內建的**「限制常用應用程式使用時間」**的功能特別好用。

例如，如果你發現自己在社群網路上花費了數個小時，就可以**嘗試僅將社群網路的每日使用時間上限設為一小時**。或者，如果你整天都在玩遊戲應用程式，那麼可以**試著將遊戲應用程式的上限設定為兩小時**。

這就是一個很好的例子。你也可以與家庭成員分享。這個時間限制會在二十四小時後重置，所以如果你能堅持一天，你就成功了一次。

這時候，把它寫在我之前介紹過的「不用做的事情日記」裡會更有效，這樣你就可以看到自己的進步。

另一個有用的功能是，如果你訂閱了新聞網站等，並且不斷地收到通知，那麼**「關閉通知功能」**可能會有所幫助。

這是因為我們在收到通知時，往往會感到焦慮，並拿起智慧型手機查看。讓我們試著把自己主動獲取資訊作為一項原則。

不是被對方（新聞網站運營商）在自己方便的時間丟過來的資訊所支配，而是**在自己需要的時機去連接、獲取資訊**。

這對於我們成為日常生活的「主角」來說很重要。如果想要擁有生氣蓬勃的人生，就一定要用自己的腳，踏踏實實地度過每一天。

不要讓自己「腦過勞」

現代人的大腦正處於危險之中

最近，因為過度使用智慧型手機而導致的「智慧型手機腦過勞」已成為一個問題（有時稱為「腦疲勞」，但本書統一使用「腦過勞」一詞）。

據說，「當大腦無法處理來自智慧型手機持續不斷的文字、影像等龐大的資訊」時，就會發生這種現象。

神經外科醫生和研究人員表示：**「智慧型手機腦過勞的患者，大腦額葉的血流量會減少，導致健忘程度增加，判斷力和積極性下降。」**

這是一個非常可怕的現象。

同樣的事情不僅在使用智慧型手機時會發生，長時間使用電腦時也會發生。**長時間在辦公桌前工作的人，由於電腦和智慧型手機的雙重夾攻，腦過勞的風險很高。**

近年來，遠端辦公越來越普遍，但與辦公室不同的是，在家遠端辦公的人往往大部分時間都坐在電腦前。

結果，身體活動量極少，所以可能會阻礙全身的血液流動和氧氣供應，導致大腦越來越容易過度勞累。

一旦大腦功能衰退，不僅會對工作產生負面影響。還可能會導致各種身心疾病，如大腦和身體持續疲憊、睡不好、煩躁和情緒紊亂、情緒低落、注意力不集中和缺乏動力……，這樣的例子不勝枚舉，身心出現各種障礙。

因此，除了前面提到的將使用智慧手機的時間減半之外，這裡還想介紹一些**減少過度使用數位裝置造成疲勞的方法**。

史蒂夫・賈伯斯也這麼說

我並不是想嚇唬你，但過度使用數位設備確實很危險。

畢竟，即使是資訊科技方面的知名人士也對過度使用的情況，尤其是針對兒童發出了警告。

例如，蘋果電腦創始人之一，史蒂夫・賈伯斯曾在生前說過：**「我甚至不讓我的孩子玩 iPad。」**微軟創始人之一比爾・蓋茲則表示：**「我的孩子直到十四歲才擁有智慧型手機。」**

我們最應該牢記的是，我們**不該被電腦和智慧型手機左右**。

只要一個不小心，可能就不是你在使用智慧型手機，而是智慧型手機在使用你了。正如我前面所提到的，重要的是不要讓它們奪走你「人生主角」

的位置。

重要的是要時刻意識到使用數位設備的只能是你自己。

這可能有點題外話，但「主角」這個詞其實是個禪語。它是根據一位老和尚的軼事改編的，但我想介紹其中的幾則（為了方便理解，我會用現代的語言來講述這個故事）。

很久很久以前，在中國有一位名叫瑞巖的高僧。某天，有一位客人來到他深山的家裡拜訪，聽到從院子裡傳來的叫聲。

「喂，主角。喂，主角。」

「什麼事？」

然而，在那裡的只有和尚一個人。顯然，他是在自言自語。

客人好奇地問：「你剛才在說什麼？」

和尚是這麼回答的：

我必須要時常確認我是自己生活的主角，所以我會自稱『主角』，並自問自答。像這樣：「喂，主角。你紮根大地了嗎？」、「喂，主角。你是用自己的雙腳在走路嗎？」

我們人類往往會被世界上的各種事物或周遭實際發生的事情所左右、迷失自我，我正在親自修正這一點。

如果你感到「數位疲勞」

根據這個故事，在故事和戲劇中扮演主要角色的人最終被稱為「主角」。

當你感覺到「我最近在智慧型手機上花了很多時間」或「我覺得最近訊息量有點超載」時，我想建議你，不妨像瑞巖和尚一樣，問問自己以下這些問題：

「喂，主角。你是不是被智慧型手機耍得團團轉呢？」

「喂，主角，你是不是淹沒在社群網路和網路資訊的海洋中了？」

像這樣。然後，保持良好的距離。

回想起來，過去，在網路上收集資訊被稱為「上網衝浪」。身為主角，我覺得自己正在積極地駕馭訊息的浪潮。

但現在，我認為我們往往忘了自己才是主角，在資訊面前變得被動。自己的想法不知去向，我似乎只是在網路上廣闊的資訊海洋中漂流。我稱之為「上網漂流」。

在從網路上獲取資訊時，最好把它當作是在享受上網衝浪的樂趣，而不是上網漂流。

防止個人電腦或智慧型手機取代主角的位置，是在這個網路社會中健康生活的祕訣。

數位產品要能「無腦地」使用

大腦不擅長多工處理

我們在前面曾以遊戲創作者為例，討論過辦公桌上最好不要擺放超過一台的數位設備。

現在，任何商務人士，無論從事的是遊戲產業還是網際網路產業，都需要採取同樣的預防措施，因為他們可能使用不止一台設備。

再重複一次，**所有的數位設備，當你不使用的時候，請關閉螢幕或將其存放在架子、抽屜或收納包中，並將它們放在看不見的地方。**

大腦本來就不擅長於多工處理。

它寧願集中精力做一件事，也不願同時做很多事。然而，當各種數位設備開啟時，壓力就會在大腦中累積。這會導致「腦過勞」。邊做事邊玩智慧型手機也是同樣的道理。

螢幕的「顏色」也要控制

每個人的桌上型電腦、筆記型電腦、智慧型手機等都是使用全彩螢幕，對吧？

成像技術有了顯著地提升，螢幕上顯示的照片和影片都非常地清晰漂亮。

然而，有人指出，螢幕發出的色彩資訊會奪走觀看者大量的注意力資源。**「將資訊減半」的方法之一就是減少色彩資訊。只需將螢幕改為灰階或黑白，就能大大地減少資訊量。**

例如，在iPhone上，點擊「設定」畫面上「輔助使用」下的「顯示與文字大小」，把其中的「顏色濾鏡」打開，並選擇「灰階」即可。很簡單就可以更改了。

或許會有點平淡和孤獨，再加上一些莫名的懷舊感，其實意外地還不錯。

大部分的數位設備，包括智慧型手機和個人電腦，都可以設定為灰階。為何不偶爾試著換一下，來幫助你的大腦從疲勞中恢復呢？

整齊地整理應用程式

你是否一直在桌面上建立或下載檔案？

我經常會在學會上看到，演講者在演講前準備將個人電腦連接到投影機上，卻驚訝地發現其中有許多人電腦桌面上面堆滿了檔案，很難找到想要找的內容。

於是我產生了興趣，便瀏覽了一下那位醫師所屬研究室的網站，在自我介紹部分所刊登的照片中，發現平時研究室裡書本堆積如山。無論是電腦桌面還是房間都一樣，這些應該都會反映出你平時的習慣。

不善於整理的人往往會發現自己的房間、辦公桌和電腦螢幕上都一樣地雜亂無章。

但是（再次重複一次），出現在你視野中的東西越多，你的思維就會越受阻礙，你的大腦也就會越疲勞。

如果你保持電腦桌面整齊清潔，就可以防止你的大腦從打開電腦的那一刻起就疲憊不堪。

順道一說，我的個人電腦桌面上只有大概五樣東西：Word、PowerPoint、Excel、用於閱讀的 Kindle，以及我在新冠病毒大流行期間所下載的線上會議工具。我只把我所需最低限度的應用程式放在桌面上，除此之外的詳細檔案和工具都是從應用程式清單中叫出來的。

智慧手機也不例外，你可能會看到螢幕上有好幾個頁面都擠滿了大量的應用程式，但你每天使用的應用程式應該沒有那麼多，因此，我會建議你刪除那些已經不再使用的應用程式。

回歸大自然的時間也很重要

為了讓自己從日常的資訊超載中解脫出來，有一種可以「撤退」到一個資訊較少的環境中，也就是迴避的方法。

最有效的方法就是讓自己**沉浸在大自然中**。

目前非常流行的單人露營就是一種很好的方式。如果你身處難以獲得手機信號的地方，這種方式會更加有效。

另外，如果你沒有時間去很遠的地方，也可以去附近的公園或步道，只要是去自然環境豐富的景點，暫時將自己置身於一個資訊匱乏的地方就好。

有時下班後，我會到住家附近的磯子海邊，在空蕩蕩的工業區防波堤上眺望大海。

我希望你能把這當成幫助自己擺脫資訊超載的一種方式。

利用工作的空檔時間稍作冥想

讓大腦休息的基礎知識

大腦將資訊分為三個階段處理。首先是輸入資訊的「輸入」工作；接下來是將收到的資訊做「整理」的工作；然後是使用整理好的資訊說話和寫作的「輸出」工作。

如果不執行其中的第二個步驟「資訊整理」，大腦就會被資訊淹沒，變得像垃圾場一樣。

當資訊不斷輸入時，大腦就無法休息。當這種情況發生時，整理這些資訊的機能就不再正常運作，結果就很難記住和利用已獲得的資訊。

因此，**在工作空檔時使用智慧型手機是一個大敵。**你可能是想喘口氣，但實際上往往會放大你的「腦過勞」。

尤其是對於經常在電腦前工作的人來說，最好的方法就是休息的時候，盡量在資訊少的環境中悠閒地度過。只有在這樣的狀態下，大腦的整理迴路才會被啟動。

智慧型手機冥想

最好以**工作一小時，休息五分鐘**的節奏讓大腦休息。如果能在休息期間進行冥想，效果會更好。大腦能很快地就會變得更有活力。

冥想不一定要在固定的時間內完成。當然，要達到一種叫「禪定」的狀態，也就是佛教修行者進入深度冥想的狀態，是需要長時間持續打坐的，但在工作空檔時進行冥想，主要的目的是要將大腦從工作模式切換到休息模式。所以大家輕鬆地進行就好。

其中一些在本書的專欄中有介紹，還有一些在我的網站上發布，請一定要試試看。

另外，也推薦你使用**智慧型手機上的「冥想應用程式」**。有許多稱為**「引導冥想」**的語音導覽，你可以在冥想時收聽。

由於沒有看手機螢幕，所以你可以遮蔽視覺資訊來進行冥想，讓大腦休息一下。

這種類型的應用程式會播放一小段河流的聲音，並說：「有河流在流動。你可以聽到流水的聲音。（過了一會兒）接下來請一邊聽著河流的聲音，一邊吸氣，感受肚子膨脹。」這樣的語音導覽會引導使用者順利地進行冥想。

即使想靠自己的力量進行呼吸冥想，許多人也會發現很難集中注意力，因為各式各樣的想法會不斷地湧入腦海。

在這種時候，如果有語音引導，你就可以平靜地停止那些原本會在你腦海中盤旋的想法。語音引導可以讓你更輕鬆地將注意力集中在某一點上。

另外，有個鮮為人知的事實是，**iPhone 上預設的「健康」應用程式裡有一個「正念」類別，會記錄每天花費在正念冥想上的時間**（進入「瀏覽」選擇「心理安康」類別即可查看）。

這個功能非常地方便。大多數的冥想應用程式都可以與這個「健康」連結，只需使用冥想應用程式，就可以在這裡記錄越來越多的冥想內容。

請下載你喜歡的應用程式試一試。記錄對養成習慣有很大的幫助。當然，你也可以在電腦上使用這個應用程式。

如果你能每小時花五分鐘進行這種自我保健，即使你不得不減少工作時間，我認為也會有非常大的幫助。

將社群網站「減少一半」

腦過勞、無法相信他人、感到孤獨……

許多人使用多個社群網站作為溝通工具。

例如，他們與親密的朋友，有時甚至是與現實生活中從未謀面的人，交流日常活動和對某些問題的看法，向不特定的人數發送、分享資訊，進而擴大按「讚」的圈子。

我認為社群網站在很多方面都有拓展世界的樂趣。

然而，另一方面，人們也指出了許多過度使用社群網站的有害影響。我之前提到的「智慧型手機腦過勞」也是如此。

然後，受到網暴攻擊而讓自己內心痛苦，陷入無法相信他人的境地，或者明明和很多人有著聯繫但卻感到孤獨感加深等，我覺得和以前相比，有更多的人抱有內心的黑暗。

如果你過度使用社群網站，我會建議你開始重新思考與其互動的方式，目標是將社群網站的使用量「減少一半」。

如何減少社群網站的「查看頻率」

當你使用社群網站的時候，你總是會不由自主頻繁地去查看。

「我對和我有聯繫的人所發布的貼文感興趣。」

「我關心我所追蹤的人的一言一行。」

「我很好奇人們對我的貼文的反應。」

「我很好奇社群網站上正在傳播著什麼樣的訊息。」

像這樣，有很多種原因。

增加連接社群網站頻率的因素之一是「通知」功能。

如果設定為在社群網站上收到訊息時就會發出聲音的話，那麼無論你做什麼，每次聲音響起的時候都會有必須看一下的心情。

因此，我建議你能試著**關閉通知功能**。

此外，你可以**「設置大約一半的追蹤者不出現在你的時間軸上」或「在無損真實生活中人際關係的前提下，將你追蹤的人數減半」**。

這樣，「○○發布了新的照片」或「○○分享了文章」等通知的數量就會減半，並且你也可以減少不自覺去查看的頻率。

但更好的辦法是**將你使用的社群網站數量減半**。

我彷彿聽到你在說：「這太可怕了，我不敢這麼做。」

但我希望你能思考一下。

你從社群網站上獲得的資訊真的有那麼必要嗎？

社群網站上的交流真的那麼重要嗎？

你在社群網站上發送的資訊是你真正想要傳達的嗎？

如果你覺得所有東西都是不可或缺的，那麼繼續保持目前的使用方式是合理的，但如果你覺得很多東西都不是，那麼現在也許是減少使用社群網站的好時機。

我為什麼不繼續用 Facebook 了

我目前唯一使用的社群網站是 LINE。我甚至從未使用過 Twitter（現在的「X」），大約三年前我就不用 Facebook 了。

為什麼不繼續用 Facebook 了呢？

最初，它是用來公告講座、坐禪會以及在廣播和電視上有演出時的宣傳。

漸漸地，「好友」的數量越來越多，在不知不覺中，好友的數量已經超過了一千五百人。

當然，我很感激能有更多的朋友，即使只是在社群網站上有互動的人。然而，他們中的許多人開始透過 Messenger 與我聯繫，而我回覆的速度完全跟不上訊息增加的速度。

我想仔細地回覆收到的訊息，所以我開始每天花很多時間在社群網站上回覆他們。

而且從某個時候起，我開始收到各種語言的訊息，不僅來自日本，也來自海外。

這也是一件很棒的事情，但是需要花費很多時間，利用線上翻譯功能將其翻譯成日語、閱讀、寫回覆、再利用翻譯功能將其轉換成對方的語言，然後發送。

最後，我變得無法在一天之內回覆所有收到的訊息。

然而，我對回覆了某些人卻忽略了其他人感到非常不舒服，這成為我煩惱的根源。

所以首先，我關閉了訊息功能。然而，這一次，我開始在評論區收到大量的訊息，不知不覺中，我每次都要花費一個多小時來回覆留言。

我收到的大多數評論都很溫暖、體貼，這讓我感到非常高興，但我卻在「我覺得不回覆評論不太好，出於禮貌，我至少應該回個訊息，但我實在抽不出時間」的兩難境地中掙扎。

然後，我決定投降了。就在那天，我決定刪除我的帳戶。

根據這次經驗，我覺得**在使用社群網站時，事先定義你可以接收的範圍很重要**。

否則，我認為使用社群網站，如果使用得當的話會很有趣，但可能會導致倦怠的悲慘結果。

練習3

用「感恩冥想」平靜心靈

不論是誰，都需要某些幫助才得以生存。感恩所有的一切。

然而，在忙碌的日常生活中，我們往往會忘記感恩那些我們認為理所當然的事。比起感謝，抱怨和不滿佔據了我們的心，也常常會有讓人心煩意亂的情況。

這種「感恩冥想」，是一種提醒我們每個人都能在緣分的支持下，心滿意足地生活下去的冥想。

①以舒適的姿勢坐在椅子上，閉上眼睛，做幾次緩慢的深呼吸。吸氣時，吸入大量新鮮空氣，呼氣時，想像自己的身心正在得到淨化。

②首先，回想起小時候幫助過你的人。例如，「當我跌倒受傷時，學校的老師背著我回家」、「當我忘記帶課本時，坐在我隔壁的人借我看」等，不論多麼微小的事情都可以。想想那個人的笑容，並在心裡說：「謝謝你為我做這件事」，如果臉部表情能再柔和一些，嘴角再上揚一點就更好了。

③在這裡深呼吸，調整心態。接下來，想想你現在的日常生活，想想每一個曾經照顧過你的人。然後，想像著這個人的笑容，重複步驟③。

如果你想不到某個人，也可以想像動物或事物也沒關係。我經常想著我最喜歡的木製手錶，並表達我對它的感激之情：「你讓我的手腕不再疲勞，真的幫了我很多忙，謝謝。」

當你以這種方式做「感恩冥想」時，你會感到非常感激，因為在你的生活中，有這麼多的人和事支持著你。

與此同時，你也會對自己的存在產生慈愛之心。在意識到有人溫柔地支持著你的過程中，漸漸培養出想要珍惜自己的心。

第5章

將「工作」減少一半

將工作減半，生產力就會上升

從根本上重新審視你的工作方式

在商界中，有一種思維模式和價值觀是「能夠高效、快速地工作、能夠最快產出最多成果的人是最好的」。

我們生活在一個嚴酷的世界，在某些方面是無能為力的，但在日常診療中，我發現有很多人總是忙於工作，沒有時間休息，導致身心疲憊。

我對這些疲憊不堪前來就診的病人，提出以下建議：

「首先，讓我們試著把工作量減少一點，哪怕只是百分之一也好。然後

再稍微減少一點，最後如果能減少到一半左右就好了。」

每個人都很忙，所以即使有人跟你說「把工作量減半吧」，你可能也會感到牴觸。但這與「工作偷懶」完全不同。

如果你試著將工作量減到剩下「一半」，

「我們將從根本上重新思考如何判斷優先順序。」

「將部分工作交給其他人。」

「將部分工作外包出去。」

「簡化非必要的大小型會議。」

……像這樣，我們必須徹底改變我們的「工作方式」和「工作的推進過程」。

如果這樣做的話，接下來我將要談論的各種變化將會發生，從而提高工作效率和生產力。

「細心地工作」會產生好結果

如果你的工作量減半，你自然就能比以前更仔細地處理每項工作。

細心地工作有三大好處。

①提高注意力
②減少錯誤
③可以保持內心的平靜

一是可以提高注意力。只要意識到「要細心地工作」，就會變得只專注於眼前的工作。其他在意的事情減少了，這大大地增加了「時間密度」，所以就能提高你的效率和生產力。

第二，減少失誤。俗話說「心急吃不了熱豆腐」，你越是認為必須快速完成某件事情，你的工作就會變得越馬虎，也就越有可能犯錯。一旦出錯，就必須重做。因此，最終可能會耗費大量時間。

第三，你的心會更平靜。當我們有太多工作要做的時候，難免會急於處理這些工作，這就使得我們內心沒有餘裕。當我們的內心缺乏平靜時，就容易變得煩躁、緊張和不安。這種狀態本身就會成為另一種壓力，使我們的身心陷入「疲勞漩渦」。

透過減少工作，更仔細地去完成每一項工作，就能靜定心來面對工作，深思熟慮地進行。結果能夠獲得更好的工作成果。

以這種方式減少工作，並不會降低效率或品質。

相反地，會得到很多好處。

為什麼工作老是做不完？

無法將工作交給別人的人

經常從事大量工作導致身心疲勞的人，變得身體不適，患有憂鬱症症狀的人數確實在增加。

那麼，為什麼要抓著這麼多工作不放？

其中一個主要的原因是，**他們無法將工作交給別人**。

十多年前，在我年輕時工作的醫院內科裡，有一位從抽血到打點滴、配藥，各種工作都要親力親為的醫生。

其中很多原本是在病房的處理室由護理師負責的工作。然而，因為那個醫生如果不自己做的話就會感到不安，所以就自己一個人扛著，結果護理師的工作被搶走了，他們變得無事可做。

當然，因為護理師還有許多其他的護理工作，所以其中的一些人很高興能夠減少工作量。

然而，有些護理師愁眉苦臉地向我坦白：「醫生不信任我們，所以才不把工作交給我們。」這樣不僅無法有效利用人力，還會導致工作效率下降、降低了團隊醫療中不可缺少的信賴關係和工作人員的士氣。

不過，我認為這種現象不僅存在於醫療機構，也存在於所有工作場所。上面的人，沒有把不是自己也能做到的工作交給下面的人，結果一個人手忙腳亂，從而降低了整體績效。

他們之所以無法把這樣的工作交給自己以外的員工，包括自己的下屬，是因為他們**不信任別人**。

無法相信別人的人，其實也是無法相信自己的人。

換句話說，他們認同自身價值的心態，也就是「自我肯定感」很低。因為覺得自己是不是不被別人信任，所以會想「不被信任的自己還將工作委託給別人，也太自以為是，我可不想因為拜託別人而被討厭」。

或者，他們會懷疑對方沒有做好自己要求他們做的工作。這種心理可以窺見一斑。

無論如何，如果自我肯定感一直很低的話，那麼當你在組織中擔任較高職位時，就會導致工作量增加，品質下降。

這樣的「執念」會導致過勞

如果你想進一步了解如何增強自我肯定感，可以閱讀我的著作《人生成

功者的自我肯定感》（人生がうまくいく人の自己肯定感，暫譯）。

在這裡我想傳達的重點是**「相信自己、相信別人」，如此一來，超過自己可以負荷的工作量，就可以讓部下和周圍適任的人分擔**。

如果你不這樣做，你就無法將工作減半，無論你再怎麼努力，也無法擺脫過勞的漩渦。

其實我也曾經有過工作負擔過重、日子過得很辛苦的經驗。先從結論來說，原因是「無意識偏見（無意識形成的偏見或執念）」。

也就是說，某種先入為主的觀念，在無意識中縮小了你的言行範圍。這種縮小思維視野的現象，被稱為「心理上的視覺狹隘」。

精神科醫生其實有很多「文書工作」要做。

以前，我一直認為所有的文書工作都「應該由我這個醫生來寫」。這在我周圍的護理師和行政人員之間形成了一種默契，也就是「所有文書工作都應由川野醫生完成」。

因此，我和其他的醫務人員都對文書工作產生了一種「無意識偏見」。多的時候，我們每天要診治六十多位門診病人，因此很難在這個空檔完成文書工作。

即使每個文件可以在五到十分鐘內完成，為了騰出時間，我也必須縮短檢查患者的時間。

我想仔細製作患者、患者的工作單位、或者其他醫院的醫師所要求的文件並返還。但是為此縮短重要的診療時間就本末倒置了……。

有一天，當我在這個難題中掙扎時，我突然想到，文件中的某些部分，例如患者的個人資訊（姓名、性別、年齡、地址、電話號碼等），或是與先前建立的文件相比沒有更改的部分，關於這部分，讓醫務室的工作人員填寫不是更好嗎？因為醫療事務的工作人員是處理醫療資訊的專業人員，我想到他們可以比我更快、更準確地完成工作。

我立即向他們提出請求，結果他們二話不說就答應了。

其實我並不擅長文書工作，每次都要在這項工作上花費大量時間。然而，對於專門處理醫療資訊相關事務的工作人員們來說，這是一項他們可以快速、輕鬆地完成的工作。

正所謂人盡其才。透過聘請該領域的專業人員，即使患者數量增加，我們也能夠維持門診治療的品質。我謹向全體員工表示感謝。

你是否也曾經認為**「我任性地認為自己應該做，所以承擔了我不擅長的工作，但如果拜托擅長的人，他們可能會毫不費力地完成工作」**？

我希望那些容易因工作而不知所措的人問一問自己，並仔細思考這個問題。正因為是容易習慣性地把工作攬在身上的人，才更應該試著捫心自問，並仔細思考。

善於拒絕，善於接受

感覺快要爆發的時候

我們為什麼要把工作攬在身上？如上一節所述，其中一個主要原因是無法將工作交給別人。透過將工作交給別人，我們可以減少工作量，提高效率和生產力。

把工作攬在身上的另一個原因是：**無法拒絕工作**。是因為工作出色而被派了很多工作？還是因為人太好所以被塞了很多工作？又或是因為上司對形勢判斷失誤而導致分配不均？

原因可能有很多種，但無論如何，如果已經超出了自己的能力範圍，重要的是不要「無條件」地接受工作。

如果是出於好心而接受了不可能完成的工作，結果超出自己能夠承受的範圍而失控的話，最終也會給周圍的人帶來麻煩，沒有人會感到幸福。

在你接受一個可能會超出自己可以負擔的工作之前，我希望你思考下列幾點：

「我很高興能得到這麼多工作，但我認為我的老闆不知道我目前正在做的工作。我認為他可能對我的日程安排有錯誤的判斷。」

只要將這個想法放在心裡的某個角落，就會讓內心平靜。

如果你沒有這個餘地的話，很容易就會被「有點困難啊。這能全部完成嗎？但是，如果說『我做不到』的話，評價就會下降……」類似這樣的想法所束縛。

像這樣巧妙地回應

如果在不經思考就輕易答應的情況下「敷衍了事」，會被上司認為「是做工作草率的傢伙」。

或者，如果你不能在最後期限前完成，你可能會被責罵說「如果你做不到，為什麼不一開始就告訴我？」

無法拒絕工作。不經思考就輕易答應……。

這些傾向其實也和「自我肯定感」低下密切相關。如果你沒有足夠的自我肯定感，即使老闆給你的指示明顯超出你的能力範圍，你也會感到膽怯，結果什麼都說不出來了。

自我肯定感很難一下子就提升，但首先，讓自己擁有「平靜的心境」是很重要的。

不管怎麼看，我都被賦予了超出我能力範圍的工作。在這樣的情況下，首先，心中要有「老闆好像高估的我的能力，沒辦法，只好盡力而為了」這樣的餘裕，下定決心接受這個工作。

不過，你可以再乘勝追擊，試著問這樣的問題：「但是，我的日程需要做一些調整。我目前正在做〇〇的工作，哪一個工作的優先順序更高呢？」

如果你的老闆在不知道你工作狀況的情況下，試圖給你一份新工作，他可能就會說：「啊，我知道了，抱歉，我希望你先做〇〇工作。新工作我會請別的人做。」

如果他說「我還是想拜託你」，你就說「好的，我知道了」，然後與你的老闆討論優先順序：

「如果是這樣的排程，這樣安排的話，應該可以做到。」

提議以一個比較合理的方式來進行。或者：

「這個部分我可以處理，但這個部分比較困難，可以拜託別人嗎？」

在交涉中提出來，也絕不是件壞事。

當然，這並不一定意味著你可以立即將棒子交給別人。

你可能會被告知「不，我理解這一點，但我真的很希望能夠由你來做這份工作」。

但我希望你仔細想想。如果只是照例從一開始就輕易答應，和「雖然已經到了這一步，但還是被指示了希望你做」，知道了上司的熱情之後再接受，你對這份工作所抱持的心態是不是完全不同了呢？

為了達到「工作減半」的目的，我希望你能學會如何巧妙地接受工作，以及上一節所提到的如何巧妙地交付工作。

將多工處理單一化

現在，此刻我只做一個工作

要實現我們到目前為止所討論的「工作減半」的目標，最好的方法是減少工作量本身，但**提高每項工作的效率和生產力**也很重要。同時進行多項工作。對生活在現代的商業人士來說，已經是理所當然的能力了。

除了在寺廟工作、在診所提供醫療服務外，我還從事各種其他工作，包括演講、上廣播、寫書等。

然而，我並不覺得我同時在做「多工處理」。

這是因為，「現在，此刻我只做一個工作」。

即使多個工作在一定期間同時進行，在「現在、這裡」能專心去做的只有一個工作。

無論我有多少份工作，我都會有意識地以「單一工作」而不是「多工」的心態來對待我的工作。這就是我所說的將多工處理單一化。

重點是「換檔」

多工處理最糟糕的地方就是，你會想著「我必須做這個，我必須做那個」，於是這個也做一點、那個也做一點，結果什麼都做不好。

這種工作方式在工作效率方面有著顯著的缺點。因為如果工作在短時間內中斷，那再次恢復工作時的初始速度就會大大地降低。

如果你持續工作一段時間，你會逐漸形成一種節奏，處理速度會提高，但如果在此之前，你同時也在思考其他事情，例如「啊，我必須檢查一下電子郵件」、「網路新聞有沒有更新呢」，你就不得不從頭開始重新進行關鍵的工作。

相反地，**最好以「換檔」的形式，轉移你集中注意力的對象，例如：「這個工作做到這裡告一個段落，再接著這個工作。那個工作做到這裡告一個段落，再做這個工作。」**

工作中有很多需要集中注意力的地方。如果在你的注意力達到巔峰之前就中斷注意力是相當可惜的。

我認為最好的工作方式是，當你的注意力不斷提高的情況下，等到一個段落，注意力減弱的時候，短暫休息一下，然後再繼續下一個工作。

巧妙地「分配能量」

另外，**根據工作本身的優先順序和當時的狀況，決定如何分配各個工作的能量**也很重要。

如果你提前決定分配，就不必每次都想「我下一步該做什麼」或「我今天應該做到哪個進度」，只要機械性地「下一步做這個、下一步做這個」，一邊換檔一邊前進就好了。

正如我之前提到的，我每天都會與各種關係打交道。很多人常問我：「川野先生，您的本業是僧侶還是醫生呢？」

對我來說，我的所有工作都是我的本業，我是以不想忽視任何一個的心態在做這些工作。

不過，我自己把日常工作大致分成三個部分：寺廟、醫療和其他，並根據當時的忙碌程度來粗略地決定如何分配能量。

例如，在盂蘭盆節、法事和新年期間等寺廟的旺季，我把百分之五十的能量用於寺廟的工作，百分之四十用於醫療的工作，百分之十用於其他事情。而當初春和季節變換，許多人會感到心緒混亂的時候，我會把百分之五十的能量用於醫療的工作，百分之四十用於寺廟的工作，百分之十用於其他事情。以類似這樣的狀況去分配我的能量。

在這個大框架內，我的目標是要透過集中注意力，將各個領域的瑣碎工作一個接著一個，快速而穩定地完成，以此來獲得高績效（儘管我只是以此為目標，但我並不是一個高績效者）。

我清楚地知道自己的弱點之一，是我不擅長長時間持續地從事某項特定任務。

但我充分利用了這一點，在短時間內迅速集中注意力，需要休息的時候就盡量休息，這樣的轉換之後，就能精力充沛地繼續每天的工作了。

當然，每個人都有不同的心理特徵。請一定要找到讓你感覺最舒適、高效工作的方式。

有助於實現這一目標的基本思想，是將多工處理單一化。

不論什麼工作都「樂在其中」

從「被迫感」中解脫

正如我之前提到的，工作中重要的是，成為你工作中的「主角」。即使你邊做邊想著「我不想做」、「這不好玩啊」、「這感覺會很辛苦」等，集中精神是一件很難的事。

如果你採用這種方法，會讓你很容易感到疲倦。如果你很容易被其他事情吸引走，在多工狀態下動手的話，不僅工作效率不會提高，大腦的能量消耗也會變大。

將工作量減半，為了實現這個目標，這裡就以任何事都樂在其中的精神來進行吧。換句話說，就是意識的改變。

即使交給你的工作是你不太感興趣的事情，但無論怎麼交涉，如果是自己必須要做的事情，你首先要下定決心認真做。在此基礎上，以「樂意之至」的心態試著接受它。

只要在心中記住這一點，就能讓你感覺更積極。

然後，你必須思考「如何讓工作變得快樂、有趣」，並加入一些小變化。例如，**添加一些原創想法或融入遊戲感**。這些小變化所帶來的樂趣將有助於你集中注意力完成工作。

試著改變「習以為常的作法」

我的例子是大約一年前，當時我正在為 NHK 廣播電台錄音。我很熱愛這份自己負責了好幾年的工作，每次都非常努力。

然而，由於新冠疫情的影響，我無法使用 NHK 的廣播錄音室，所以我只能獨自在寺廟裡錄音。

說實話，一開始我很擔心，覺得「傷腦筋，我不知道我是否能做好，因為我沒有專業的錄音人員，也沒有一個總是在旁邊聆聽並給予協助的導演」，我感到很不安。

但此時，我轉換了心情，心想「難得有機會在寺廟裡錄音，那就讓它變得有趣吧」。

那一刻，我的心情比平常更要激動。然後和導演齊藤佳奈通過郵件交流提出想法、商量，我試著錄製了正殿的鐘聲、剛開始下雨的聲音、掃院子的掃帚聲等，並在廣播中播放。

我把大學時期樂隊活動中使用的麥克風，時隔很長一段時間第一次從倉庫中拿出來，自己拿著麥克風出席。那天的收錄有著錄音室沒有的趣味，我以歡欣雀躍的心情進行了收錄。

我們收到了聽眾的熱烈回饋，他們說：「這與平常有點不同，而且很有趣。」這是一次很棒的體驗。

就像這樣：

嘗試在與平常不同的空間。

嘗試改變平常的順序。

嘗試與不同的人合作。

嘗試設定超出你平常處理速度的記錄。

仔細想想，你就可以用新的方式享受。

如果你用新的視角去對待某件事，動力和注意力自然會增加，你就能做得更好。

你是否患有「中道精神失調症」？

另一個重要的事情，就是享受工作的「過程」。

人們常說做生意，結果就是一切，但真的是「一切」嗎？

我並不這麼認為。

結果畢竟是結果，如果不討論實現這一目標的過程，就無法討論結果。

我一直很喜歡 NHK 的紀錄片節目《Project X》也是，如果只是建造了水庫、綠化了沙漠、開發了飛機的話，應該也不會覺得有趣吧。

我想正是因為每個人編織的這個被稱為「故事」的過程，才讓它成為一檔著名的節目，感動了那麼多觀眾。

為了重視到結果為止的過程，重要的是要在過程中的每一刻全力以赴，而不是不必要地擔心結果會是什麼。至於你會得到什麼樣的結果，最好有「等待天命」、「交給神佛」這樣的意識。

如果急於想要盡快取得成果，或太執著於「結果」，那麼工作本身就會變得很吃力。

此外，你可能會因為工作太辛苦而感到身體不適，或因為缺乏心靈餘裕而感到沮喪。

用禪宗的話來說，這有點像是「中道精神失調症」（這不是官方正式的診斷病名）。放棄「結果就是一切」的想法，試著享受過程本身。

確實地為工作畫下句點

「遠距辦公疲勞」就是這樣產生的

新冠病毒的感染擴大，為商業界帶來了所謂的「典範轉移」。一種不進公司，而是在家工作的「遠距辦公」方式迅速流行並擴大。即使已經進入「後疫情」時代，有些企業仍制定了積極利用遠距辦公的政策。

作為感染對策自不必說，在減輕通勤負擔和有效利用時間這一點上，這樣的變化也相當受到歡迎，但另一方面，由於遠程辦公而引起的身心健康問題也被廣泛地討論。

差不多是在導入遠距辦公一年後，有越來越多首次來就診的患者認為「遠距辦公疲勞」是導致他們症狀的因素。

既可以提高業務效率，又可以減少多餘的手工勞動，遠程辦公對「工作減半」來說確實是一個有效的手段。

然而，其中也存在著重大的缺點。最大的問題是**你的工作時間在不知不覺間變得越來越長**。

人類是習慣的生物，如果每天都做一點點的話，就會對工作時間的增加變得麻木不仁。也就是，漸漸地變成了身心耗竭的狀況。

但是，疲勞肯定是會逐漸增加的。儘管如此，有些患者還是會想說「再做一點吧」，結果這個一點，每天都再變長一點，等回過神來，他們發現自己每天都持續工作了十二個小時。

危險的「家庭職場化」

過去，人們可以透過離開工作場所來與工作保持物理距離。即使會把工作時間沒做完的工作帶回家，也不會是每天。而且即使想帶回家，有些公司電腦也不能帶出公司。

然而，一旦遠端辦公成為正式的工作方式，你就必須隨時上線，與工作夥伴保持聯絡。

因此，原本應該是「休息場所」的家，變成了「工作場所」。

也就是**家庭職場化**。

下班回家後，我會照慣例洗澡、吃晚飯、喝酒、看電視、聽音樂等，度過一段悠閒時間後上床睡覺，但自從開始遠端辦公之後，我變得無法順利地轉換心境。

結束了白天的遠端工作，就算和家人吃完了晚餐，也有種還在公司的錯覺，於是想著「還剩一點點」，就又開始工作了。「公司時間」就這樣沒完沒了地持續下去了。

去年，一位三十多歲的男性患者被妻子帶來到我的診所，他因為遠端工作，所以一直把自己關在房間裡。據他的妻子說，即使他進客廳吃飯，也不怎麼說話，臉色也越來越差。當我在初診見到他時，他已經陷入了嚴重的憂鬱狀態。

在遠距辦公的時代，患有這種憂鬱症的患者數量正在迅速增加。

仔細想想，遠程辦公是在完全沒有驗證健康風險的情況下導入的。因為新冠疫情導致的緊急狀態，工作方式也被迫進行改革。應該也差不多到了該採取有效措施來確保健康的時候了。

後記

佛教非常重視「自利利他」的精神。理想的生活方式是「自利利他」，也就是「自己的快樂，是為了世界、為了他人的快樂」。

自利利他的精神美妙之處在於，透過為世界和他人謀福利，你也能獲得心靈上的充實感和幸福感。

這並不是反其道而行，但從「自利」開始也是一種方法。

我們先暫且不談「利他」。做什麼都可以，先從「自利」，也就是做自己想做的事、喜歡做的事開始。

實際上，我也從很多人那裡聽到了與「為人帶來喜悅」相關的經驗談。

我有一個朋友很喜歡拍建築物的照片。他從工作的時候就很喜歡攝影，但退休後開始在 Instagram 上發布照片。

結果，新冠疫情期間，東京市中心空蕩蕩的街景成為熱門話題，許多來自歐洲和海外其他國家的人紛紛表示：「這正是只有現在才能看到的風景，也能感受到情緒呢！」

那個人開心地說：「很高興有這麼多人跨越國界來欣賞我的照片，和粉絲交流也有助於我學習英語。」我相信這是一種將「利己主義」與「利他主義」連結在一起的經驗。

我可能也是其中之一。在大學畢業後從事臨床醫生的六年裡，我對身為精神科醫生的自己感到很困惑，所以從某種意義上來說，我進入禪修是為了「逃避」。

因此，當我剛從修行歸來成為住持時，我連做夢也沒有想過現在的生活方式。不過，我開始希望跟很多人分享我從精神病學和禪修中所學到的經驗，以便健康地生活下去，所以才有了之後各式各樣的緣分引導。

以作為本職的寺廟工作和診所門診治療為基礎，撰寫書籍和雜誌、接受採訪，為企業和公眾演講，製作冥想的導覽音源和應用程式，還有廣播的工作，我每天都很感激能夠參與如此豐富多彩的活動。

以前，魚類學家兼藝人「魚君」，在擔任客座副教授的東京海洋大學的網站上參與了一個影片的演出，介紹了一些令我印象深刻的話。

他說，自己想成為一名「口譯員」，也就是用通俗易懂的語言，向大家傳達有關海洋學、魚類等一般人很少接觸的深奧知識，讓更多的人知道其中的樂趣和精彩之處。

由於魚君出色的人品和思考方式，我更加地喜歡他了，但與此同時，我也確信了「我想成為禪宗和正念的口譯員」。

雖然在佛教的淵博知識方面，我還遠不及修煉多年的和尚和大學教授們，但我希望生活在現在的每個人都能了解佛陀智慧的奧妙，最重要的是，能夠幸福地度過每一天。為了實現這個願望，我今後也想繼續用「簡單而溫柔的話語」來談論正念。

對大家來說，「自利利他」是什麼呢？它可能是你目前工作和興趣的延伸，也許會也許會成為與此相同或更具魅力的存在。

如果大家能透過「減半」，以「將生存價值增加兩倍」的印象，來實踐這本書的內容，那就太好了。

無論是對你自己，或是對你重要的人來說，這都一定是正在邁向幸福的一大步。

川野泰周　合掌

高寶書版集團
gobooks.com.tw

NW 298
減少一半，剛剛好：禪僧醫師的心靈留白練習，用「適度」讓生活變得更有餘裕
半分、減らす。：「1/2 の心がけ」で、人生はもっと良くなる

作　　者　川野泰周
譯　　者　陳筱茜
主　　編　吳珮旻
編　　輯　鄭淇丰
封面設計　林政嘉
內頁排版　賴姵均
企　　劃　陳玟璇
版　　權　劉昱昕

發 行 人　朱凱蕾
出　　版　英屬維京群島商高寶國際有限公司台灣分公司
　　　　　Global Group Holdings, Ltd.
地　　址　台北市內湖區洲子街 88 號 3 樓
網　　址　gobooks.com.tw
電　　話　(02) 27992788
電　　郵　readers@gobooks.com.tw（讀者服務部）
傳　　真　出版部 (02) 27990909　行銷部 (02) 27993088
郵政劃撥　19394552
戶　　名　英屬維京群島商高寶國際有限公司台灣分公司
發　　行　英屬維京群島商高寶國際有限公司台灣分公司
法律顧問　永然聯合法律事務所
初版日期　2025 年 02 月

國家圖書館出版品預行編目 (CIP) 資料

減少一半，剛剛好：禪僧醫師的心靈留白練習，用「適度」讓生活變得更有餘裕 / 川野泰周著；陳筱茜譯 . -- 初版 . -- 臺北市：英屬維京群島商高寶國際有限公司臺灣分公司，2025.02
　面；　公分 . --

譯自：半分、減らす。：「1/2 の心がけ」で、人生はもっと良くなる

ISBN 978-626-402-181-4(平裝)

1.CST: 人生哲學

191.9　　　114000146